SROIと
インパクト評価が
社会を変える

SDGs・ESG時代の新たな経営戦略

株式会社キューブアンドカンパニー
加賀裕也

みらい PUBLISHING

はじめに

現在、日本でも将来性のあるベンチャー企業に投資を行い、その成長に協力したいという投資ファンドが増えています。しかし、そうした投資ファンドのマネージャーなどと話をすると、投資先となるベンチャー企業の評価方法に関して不満を口にする人が多いという現状があります。

彼らの不満は、どこにあるのでしょうか?

「投資に対して、ただ単に金銭的なリターンを期待するのではなく、社会的に価値のある企業、社会貢献につながる事業に投資をしたい」

彼らはこのように言います。その背景には、世界的に注目を集める「ESG投資」という動きがあります。

ESGとは、Environment（環境）、Social（社会）、Governance（ガバナンス／企業統治）のことで、ESG投資とはこれらの要素を考慮し、将来性や持続性などの分析・評価を行い、投資先を選別することを言います。

環境保護や社会貢献につながり、公私混同なくマネジメントされている会社に絞って投資を行おうという考え方です。

世界的に大きな金額を運用する機関として、日本ではGPIF（年金積立金管理運用独立法人）、アメリカではカリフォルニアのカルパース（カリフォルニア州職員退職年金）などが有名ですが、こうした公的な機関が投資を行う際には、ESGの要素を満たしているところに投資を行うべきという考え方が強くなっています。

従来は資金を運用することで、より大きな金銭的リターンを得ること、儲かることが重視されました。しかし、現在では「お金が儲かるだけでいいのか？　環境保護や社会貢献も考慮されるべきでは？」と考えられるようになったのです。もちろん、同時にその企業や事業の収益性や成長性も重視されます。

つまり、単なる金儲けではなく、環境にやさしく、社会貢献につながり、しかも将来性のある投資先が望ましいということです。

ここで問題となるのは、投資先をどのように評価するかです。

実はESG投資に関して、Environment、Social、Governance の定義があいまいなことが課題とされています。そのため資金を必要とするベンチャー企業側も、自分たちの事業の将来性をベンチャーキャピタルなどに対して明確に説明することができません。

それでは、投資する側と投資を受ける側、双方にとって共通言語となる指標はないのでしょうか？

その課題への回答として、本書では「SROI（Social Return on Investment／社会的投資収益率）」を取り上げます。

詳しくは本文で解説しますが、SROIは企業活動の社会的成果（ソーシャルリターン）の定量化・数値化により、その可視化を可能にします。

たとえば、失業者を減らすことが目的のプロジェクトがあるとします。この目的には社会的な意義があります。そして、プロジェクトの成果を金額に換算した額（失業者が就職して得た収入の総額等）をプロジェクトの実行に投入された金額で割ることでSROIは導き出されます。

ＳＲＯＩ＝プロジェクトの社会的成果の金銭的価値÷プロジェクトに投入された総額

今後は、企業が新しいビジネスを考えたとき、会社にとってその事業でどれだけ儲かるかという側面だけでなく、その事業には社会的にどれだけの意義があるかという側面からも検討が行われるべきです。

実際、現在は世界的に、後者について、社会にとってどれだけ価値があるのかを具体的に貨幣価値に換算して計測していこうという動きが強くなっており、それに応える指標がＳＲＯＩなのです。

ある事業が、社会が望ましい方向に進むことに役立つのであれば、その事業に投資する側と投資されたお金を使って事業を行う企業側、双方にとって社会的に意義のある活動となります。投資する側と投資を受ける側、双方のより良い社会を築こうという意識をマッチングする指標として、ＳＲＯＩは重要な役割を果たすことができます。

ビジネス活動において、金銭的なビジネスリターンと社会貢献を同時に可能にする指標として、本書ではＳＲＯＩの活用法を提言していきます。

ＳＲＯＩはもちろん、投資する側にとって重要な指標であるのは言うまでもありませんが、投資家からの資金調達が事業の拡大にとって重要な経営者や事業責任者にとっても、今後ますます欠かせない指標となってゆくものと確信しています。新たに事業を始めようという志を抱いている人々も含め、より多くの読者にひもといてほしいテーマです。

SROIとインパクト評価が社会を変える　目次

はじめに　2

第1章

ＳＤＧｓと事業を両立させるＥＳＧ投資、インパクト投資とは？　13

〇ＳＤＧｓの実現には多額の資金が必要　14
〇ＳＤＧｓとＥＳＧ投資　18
〇ＥＳＧ投資への流れを加速する動き　21
〇インパクト評価とは　23
〇インパクト評価の実例　29
〇休眠預金とＳＩＢの活用　37
〇なぜインパクト評価が注目されるのか？　41

第2章

インパクト投資が道をひらくさまざまな事例 45

○PSI社による社会的インパクト投資のプラットフォーム 46
○スポーツビジネスにおける社会的構造の「見える化」の動き 50
○花王の「脱プラ」容器戦略 58
○静岡銀行の「ポジティブ・インパクト・ファイナンス」 63
○第一生命、シェアリングエネルギー社にインパクト投資 67
○ライフイズテック、社会的インパクト投資として約15億円の資金調達 70
○多拠点住み放題「ADDress」への社会的インパクト投資 75

第3章

ＳＲＯＩとインパクト評価の知っておくべき知識とメリット

81
○ＲＯＩとＳＲＯＩ　82
○ＳＲＯＩによるインパクト評価　86
○ＳＲＯＩの歴史と発展　89
○ＳＲＯＩの特徴　94
○ＳＲＯＩの課題　98
○ＳＲＯＩのさらなる活用を目指して　102

第4章 SROIで問題解決されたさまざまな事例 105

○欧州サッカー連盟が訴えるSROIの重要性 106
○松本山雅スポーツクラブの巡回サッカー教室のSROI値算出 111
○マイクロソフトの「東北UPプロジェクト」 115
○損保ジャパンの「SAVE JAPAN プロジェクト」 118
○リクルートと北九州市による女性就業支援「iction!プロジェクト」 122
○子どもたち支援「コミュニティサロンおさん」 127
○女性の起業支援プロジェクトが生み出す社会的価値 130
○インドの学校における衛生教育推進プロジェクト 133
○インド農村部における水資源改善プロジェクト 136
○ボルチモアでの病院による住宅提供プロジェクト 139
○南アフリカにおけるSROIによるNPOの地位向上 141

○イギリスにおける公共事業の入札条件の変化 145
○コンサルティングファームによるESG投資の動向調査 148

第5章

SROIが導き出す企業評価のあらたな基準――時価総額と社会的価値 155

○SROIの問題点 156
○SROIと時間の概念 157
○企業の「時価総額」とは 159
○時価総額と事業価値とのギャップ 162
○株式市場は企業の「社会的価値」をも評価している? 164

あとがき 167

第1章

SDGsと事業を両立させるESG投資、インパクト投資とは？

○ＳＤＧｓの実現には多額の資金が必要

最近、テレビや新聞・雑誌・書籍などでは「ＳＤＧｓ」が頻繁に取り上げられ、注目を集めています。ＳＤＧｓ（持続可能な開発目標）とは、もともと２０００年の国連サミットで採択されたＭＤＧｓ（Millennium Development Goals／ミレニアム開発目標）に代わる、国際社会における新しい共通目標のことです。

ＳＤＧｓの一番の特徴としてあげられるのは、２０３０年の社会のあり方に対して数値目標を提示したことです。抽象的な概念ではなく、具体的な数字を用いて17の社会課題を解決するための目標に落とし込んだのです。

ＳＤＧｓについて、外務省のホームページには次のように記載されています。

「持続可能な開発目標（ＳＤＧｓ：Sustainable Development Goals）とは、２００１年に策定されたミレニアム開発目標（ＭＤＧｓ）の後継として、２０１５年９月の国連サミットで加盟国の全会一致で採択された『持続可能な開発のための２０３０アジェンダ』に記載された、２０３０年までに持続可能でより良い世界を目指す国際目標です。

持続可能な世界を実現するための17のゴールと169のターゲットから構成され、地球上の『誰一人取り残さない（leave no one behind）』ことを誓っています。SDGsは発展途上国のみならず，先進国自身が取り組むユニバーサル（普遍的）なものであり、日本としても積極的に取り組んでいます」

SDGsには17の課題があり、そのすべては平等に注目すべきものになっています。

1　貧困をなくそう
2　飢餓をゼロに
3　すべての人に健康と福祉を
4　質の高い教育をみんなに
5　ジェンダー平等を実現しよう
6　安全な水とトイレを世界中に
7　エネルギーをみんなにそしてクリーンに
8　働きがいも経済成長も
9　産業と技術革新の基盤をつくろう

10　人や国の不平等をなくそう
11　住み続けられるまちづくりを
12　つくる責任つかう責任
13　気候変動に具体的な対策を
14　海の豊かさを守ろう
15　陸の豊かさも守ろう
16　平和と公正をすべての人に
17　パートナーシップで目標を達成しよう

ＳＤＧｓの実現には、その採択文書でも強く訴えているように、現在の社会・経済を持続可能なものへトランスフォーメーション（大変革）していくことが必要となります。つまり、社会だけでなく、企業も大きく変わる必要があるのです。

ただし、ＳＤＧｓの達成には多額の資金が必要です。具体的には、世界全体で年間5兆ドルから7兆ドルの資金投入が必要というデータもあります。これは、とうてい公的資金だけでまかなうことのできる金額ではありません。実際、まだ年間で2・

５兆ドルが不足しているとも言われています。

そこで、民間の資金の活用が必須となりますが、現在行われている企業や投資家による投資金額のうちの約５％をSDGsへの投資にまわすことで必要な金額をまかなうことが可能になるとも言われます。


SDGsへの取り組みとそれに伴うトランスフォーメーションの時代は、企業にとっては大きなビジネスチャンスとなります。たとえば、SDGsの課題の１つ「エネルギー」の分野の市場規模は８００兆円、「イノベーション」の分野は４００兆円という試算もなされています。

また別の試算では、２０３０年までに「エネルギー」「都市」「食料」「農業」の４分野だけでも、少なくとも世界の想定GDPの10％にあたる年間12兆ドルのビジネスチャンスをもたらし、３・８億人という膨大な雇用を生むという数字があげられています。

社会を変えていくためには、国がいくら音頭を取っても、最終的には企業の姿勢が変わらなければ目標は達成できません。企業がビジネスチャンスと捉え、積極的に取り組むことで、より良い社会の実現が進んでいきます。

そして、企業を動かすためには、お金を出している投資家を動かすことが近道になります。企業の動きを加速するには投資家の役割が重要となるのです。

企業は投資家から投資を受けることで持続的な事業活動の実現が可能になります。一方、投資家としても企業がその事業により収益をあげることで、投資に対するリターンを得ることができます。

つまり、「ビジネスチャンスの増大」と「投資チャンスの増大」を通じて、企業と投資家の双方がリターンを得ることで、社会変革、トランスフォーメーションが推進されていきます。

○ＳＤＧｓとＥＳＧ投資

それでは、投資家が企業に投資する際に何を重視するのでしょうか？

従来、投資家には、自らが投資した資金に対する金銭的リターンを重視する傾向が強く見られました。しかし、最近は「お金が儲かれば、それでいいのか？　社会全体が良い方向に進む事業に取り組む企業に投資するべきでは？」という視点が重視されるようになっています。

そうした世界的な流れを受けて注目されているのが「ESG投資」です。

「はじめに」でも説明しましたが、ESG投資とは財務に関する情報だけでなく、Environment（環境）、Social（社会）、Governance（ガバナンス／企業統治）の要素も考慮した投資を指します。E・S・Gの3つの観点から企業の将来性や持続性などを分析・評価して、投資する企業を選別する方法です。

社会の持続性なども考慮に入れることから、ESG投資にはSDGsの実現との接点があります。ESG投資はSDGsを実現するための1つの手段と言うこともできるでしょう。

投資先となる事業やプロジェクトが、環境問題や社会貢献に益することを重視しているか、投資先の企業が公私混同なしにマネジメントされているか、そしてもちろん、収益や成長性が見込まれることも考慮されてその投資実行の有無が判断されます。

最近は、CO_2の排出量など気候変動に影響を及ぼす可能性のある情報も、企業としては開示すべき情報とされてきています。

ＥＳＧ投資とは、環境問題や社会貢献や企業統治に積極的に取り組む企業に投資することで、経済的なリターンを狙うという投資方法です。

一方、企業としてもＥＳＧへの積極的な取り組みは、その企業のイメージアップをもたらします。企業イメージの向上はそのブランド価値を通じて中長期的業績アップにもつながるでしょう。

特に、年金基金など大きな資金を長期で運用する組織などを中心に、ＥＳＧ投資を重視するという考え方が浸透しつつあります。

また、ベンチャー企業に投資する投資ファンドにも、「金銭的なリターンだけを期待するのではなく、社会的に価値のある企業、社会貢献につながる事業に投資をしたい」という声が大きくなっています。

Ｅ・Ｓ・Ｇの3要素を重視して企業活動を行っていくことは、投資家から資金を獲得しやすくなります。つまり、ＥＳＧ問題に注力することは、ＳＤＧｓの目標達成の実現に貢献をすることになります。ＳＤＧｓの達成には膨大な資金が必要ですが、ＥＳＧ投資はその資金調達手段としても期待されるのです。

実際に日本では、２０１９年6月に開催されたG20大阪サミット（金融・世界経済に関する首脳会合）で「拡大版ＳＤＧｓアクションプラン２０１９」が採択されて、ＳＤＧｓ達成のための積極的な取り組みが始まっています。

○ＥＳＧ投資への流れを加速する動き

２００6年、アナン国連事務総長が、投資家が取るべき行動原則としてＰＲＩ（Principles for Responsible Investment／責任投資原則）を提唱しました。このＰＲＩでは、金融機関などが投資の意思決定を行う際には、投資先となる企業の環境・社会問題・企業統治（ＥＳＧ問題）への取り組みを考慮すべきとされたのです。

ＰＲＩに法的拘束力はないものの、世界中の多くの機関投資家がこのＰＲＩに署名し、世界最大の政府年金基金である日本の年金積立金管理運用独立行政法人（ＧＰＩＦ）も２０１5年に署名したことが国内外の注目を集めました。

その後、ＧＰＩＦは実際に資金の運用先に対してＥＳＧへの取り組み姿勢を重視し、ＥＳＧインデックスを採用しています。この影響は大きく、各企業はＧＰＩＦが運用対象とするESGインデックスに採用されることが株価の向上につながると判断し、ESG問題に積極的に対応するようになっています。

日本を代表する企業や団体などから構成される経団連も、SDGs達成のためのリーダーシップを発揮し、積極的に取り組むことを表明しています。

そして、2020年3月には経団連、東京大学、GPIFの三者によって、SDGsの実現に寄与するESG投資の流れを加速するための共同研究報告書「ESG投資の進化、Society 5.0 の実現、そしてSDGsの達成へ」が発表されました。

経団連とGPIFが共同してSDGsに取り組む意思を表明したことは大いに注目されます。影響力の大きい両者が積極的姿勢を示したことで、今後はその勢いがますます加速していくと考えられます。

なお、報告書のタイトルにある「Society 5.0」とは、日本が発信している言葉で、AIやロボットの力を借りて、人がより快適に活力に満ちた生活を送ることができる「超スマート社会」のことを言います。日本が目指すべき未来社会の姿として提唱されました。

ちなみに、狩猟社会が「Society 1.0」、農耕社会が「Society 2.0」、工業社会が

「Society 3.0」、情報社会が「Society 4.0」と定義されています。

○インパクト評価とは

ＳＤＧｓの達成に向けて政財官が一体になった取り組みが重視されるなか、投資家にはＳＤＧｓ達成につながるＥＳＧ問題への取り組みも考慮して投資先を評価する必要性が増しています。

ここで問題となるのが、Environment、Social、Governance の定義があいまいなことです。そのため、ＥＳＧ投資に関する明確な判断基準が確立されていないのが現状なのです。

それでは、ＥＳＧ投資を行う際に判断基準となるものはないのでしょうか？　ここでキーワードになるのが、最近注目を集めつつある「インパクト評価」です。

このインパクト評価に関連して、よく使われる言葉に「インパクト」「インパクト投資」、そしてこれらに「社会的」を付けた「社会的インパクト評価」「社会的インパクト」「社会的インパクト投資」があります。

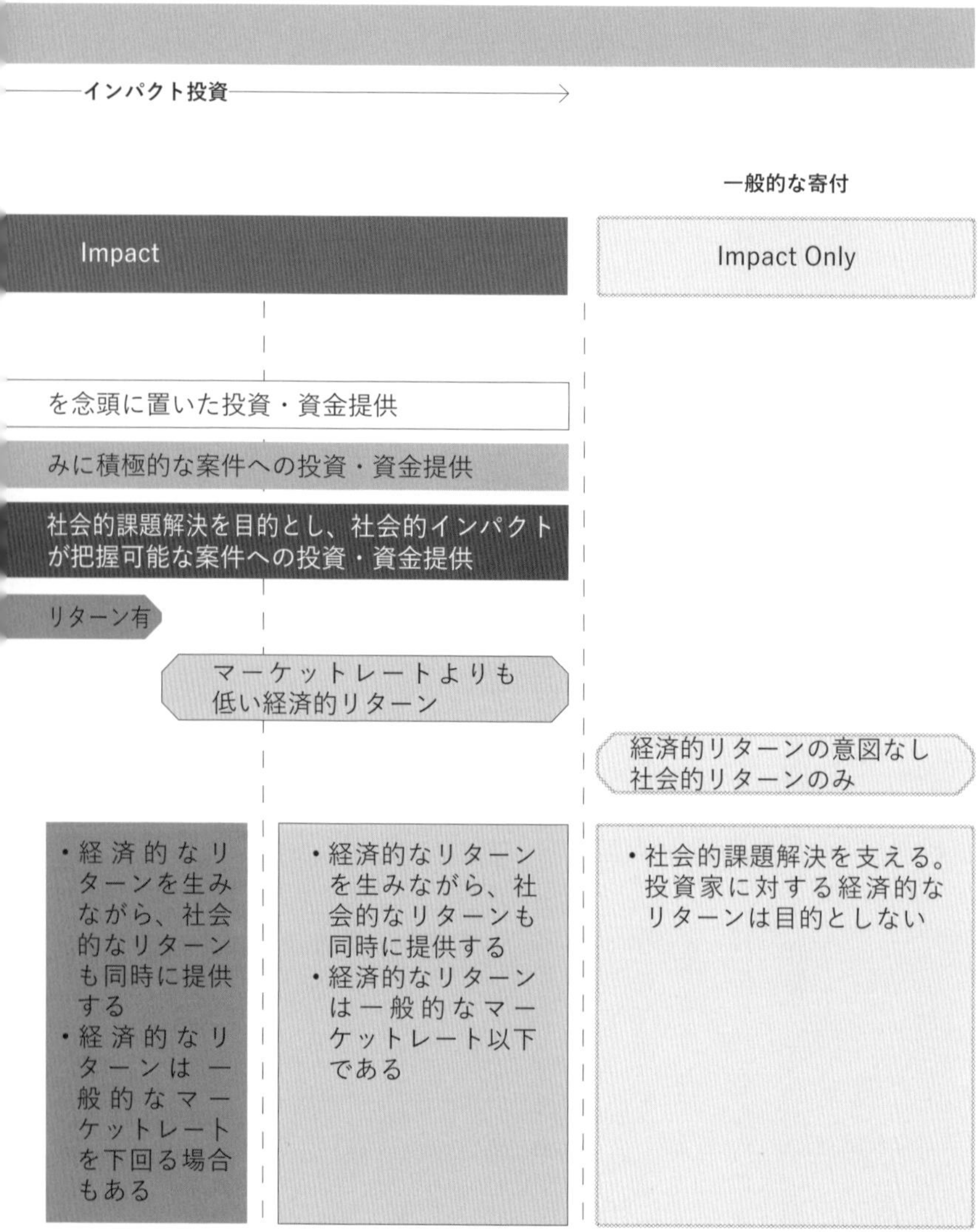

インパクト投資
一般的な寄付
Impact
Impact Only
を念頭に置いた投資・資金提供
みに積極的な案件への投資・資金提供
社会的課題解決を目的とし、社会的インパクトが把握可能な案件への投資・資金提供
リターン有
マーケットレートよりも低い経済的リターン
経済的リターンの意図なし社会的リターンのみ
・経済的なリターンを生みながら、社会的なリターンも同時に提供する
・経済的なリターンは一般的なマーケットレートを下回る場合もある
・経済的なリターンを生みながら、社会的なリターンも同時に提供する
・経済的なリターンは一般的なマーケットレート以下である
・社会的課題解決を支える。投資家に対する経済的なリターンは目的としない

図表１　インパクト投資とは何か

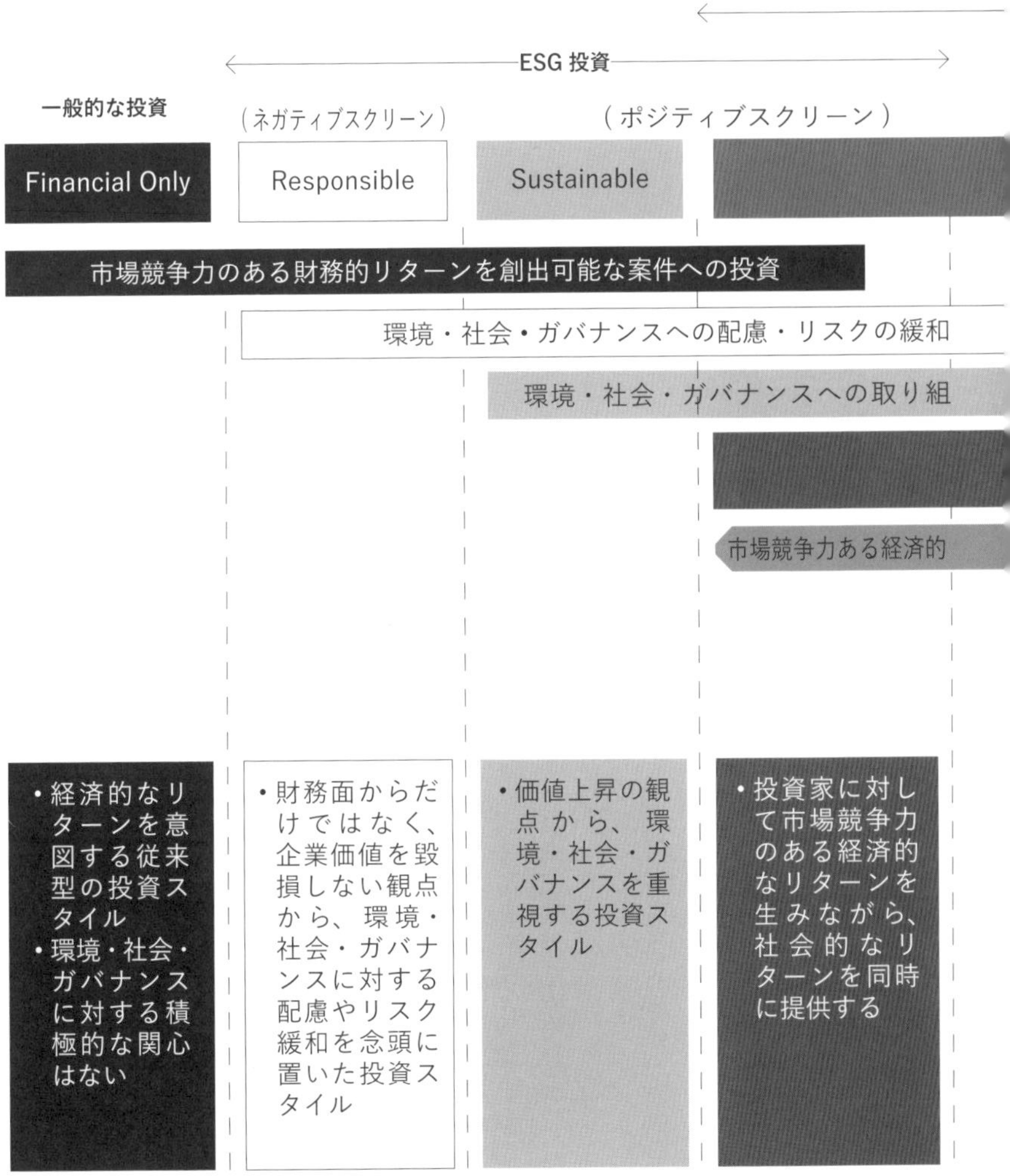

（出典）G8社会的インパクト投資タスクフォース ALLOCATING FOR IMPACT（2014）を基に著者作成

まず、それぞれの言葉の定義を紹介します。

・インパクト

事業や活動の結果として生じた、社会的・環境的な変化や効果（短期・中期を問わない）。

・インパクト評価

インパクトを定量的・定性的に把握し、事業や活動について価値判断を加えること。

・インパクト投資

社会面・環境面での課題解決を図るとともに、経済的な利益を追求する投資行動のこと。投資（株式・債券）、融資、リース等、金銭的リターンを求める一切の金融取引をまとめて「投資」と呼ぶ。寄付・補助金・助成金等は対象外。

また、インパクトに関連して「アウトカム」という用語もよく使われます。

アウトカムとは「成果」の意味ですが、ある活動などが社会に対してどのような影響を与えたか、その成果や結果を指します。

あるプロジェクトに資金が投入された場合、その資金が「インプット」で、そこから生み出された直接の結果が「アウトプット」、短期・中期的な成果が「アウトカム」です。そして、アウトカムより長期的な成果を「インパクト」と言うこともありますが、アウトカムとインパクトを同義で使うケースも見られます。

いずれにしろ、インパクトには波及効果までを含むというニュアンスがあります。以下のようなフローで理解していただけると良いです。

インプット　↓　アウトプット　↓　アウトカム　↓　インパクト

金銭的リターンだけを追求する投資があるとします。そして、そうした投資の正反対に位置づけられるのが、金銭的リターンを求めない寄付やボランティア活動となります。

この両者、儲け至上主義と寄付・ボランティアの間にあるのがインパクト投資となります。つまり、金銭的リターンと社会的・環境的な貢献、双方の成果を満たすことを目的とするのが、インパクト投資です。図表1に、金銭的なリターン（いわば一般的な投資の成果）と社会的・環境的な貢献（いわば一般的な寄付）にはさまれた、インパクト投資とＥＳＧ投資の該当範囲を示したので参照ください。

このインパクト投資を評価する方法がインパクト評価となりますが、内閣府はインパクト評価を次のように定義しています。

「（社会的）インパクト評価は、担い手の活動が生み出す『社会的価値』を『可視化』し、これを『検証』し、資金等の提供者への説明責任（アカウンタビリティ）につなげていくとともに、評価の実施により組織内部で戦略と結果が共有され、事業・組織に対する理解が深まるなど組織の運営力強化に資するものです」

つまり、事業やプロジェクトで得られた効果や社会的な価値を、インパクト評価によって具体的に数値等で把握し、検証し、より良い社会を作っていくことを目指すわけです。

企業活動の社会的価値を評価するということは、ＥＳＧ活動を評価することと共通する側面を持っています。言い換えると、インパクト投資の１つの分野がＥＳＧ投資となります。したがって、あるＥＳＧ投資がその投資先として相応しいかどうか、投資家が評価する際には、インパクト評価を判断材料とすることができます。

○インパクト評価の実例

私たちが、山形大学が文科省より受託した「地域イノベーション・エコシステム形成プログラム」に参画したプロジェクトで、インパクト評価の実例を紹介します（図表2）。プロジェクトの目的は、介護施設にバイタル（生体）センサーを導入することが介護士の負担軽減につながるかを検証することでした。

超高齢化社会に突入した日本では、介護の現場での人手不足が大きな社会問題になっています。そこで最新のテクノロジーを活用することで、介護士の負担軽減を図る方法が提案されました。

介護士の負担軽減に大いに役立つのは、センサーなどを活用したモニタリングで入居者の行動を計測・予測することです。なぜなら、入居者への見まわりが、介護士の仕事のなかでも大きな負担になっているからです。

高齢者の行動をモニタリングする方法としては、身体への負担を考慮すると、非接触型で身体に直接触れないセンサーなどによるモニタリングが望ましいと考えられ

プログラム」（山形大学）の全体像

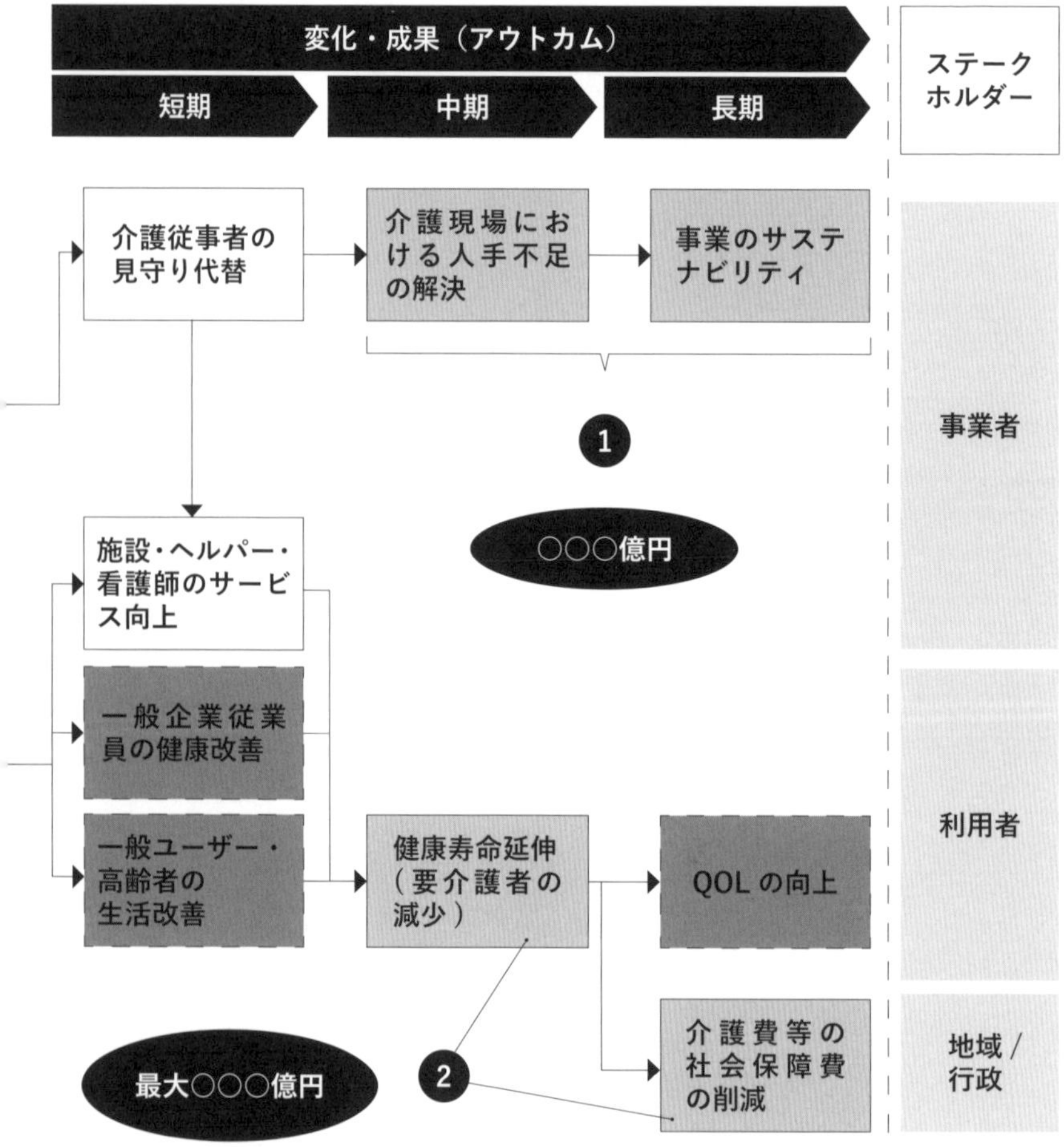

図表2　インパクト投資検証の事例：「地域イノベーション・エコシステム形成

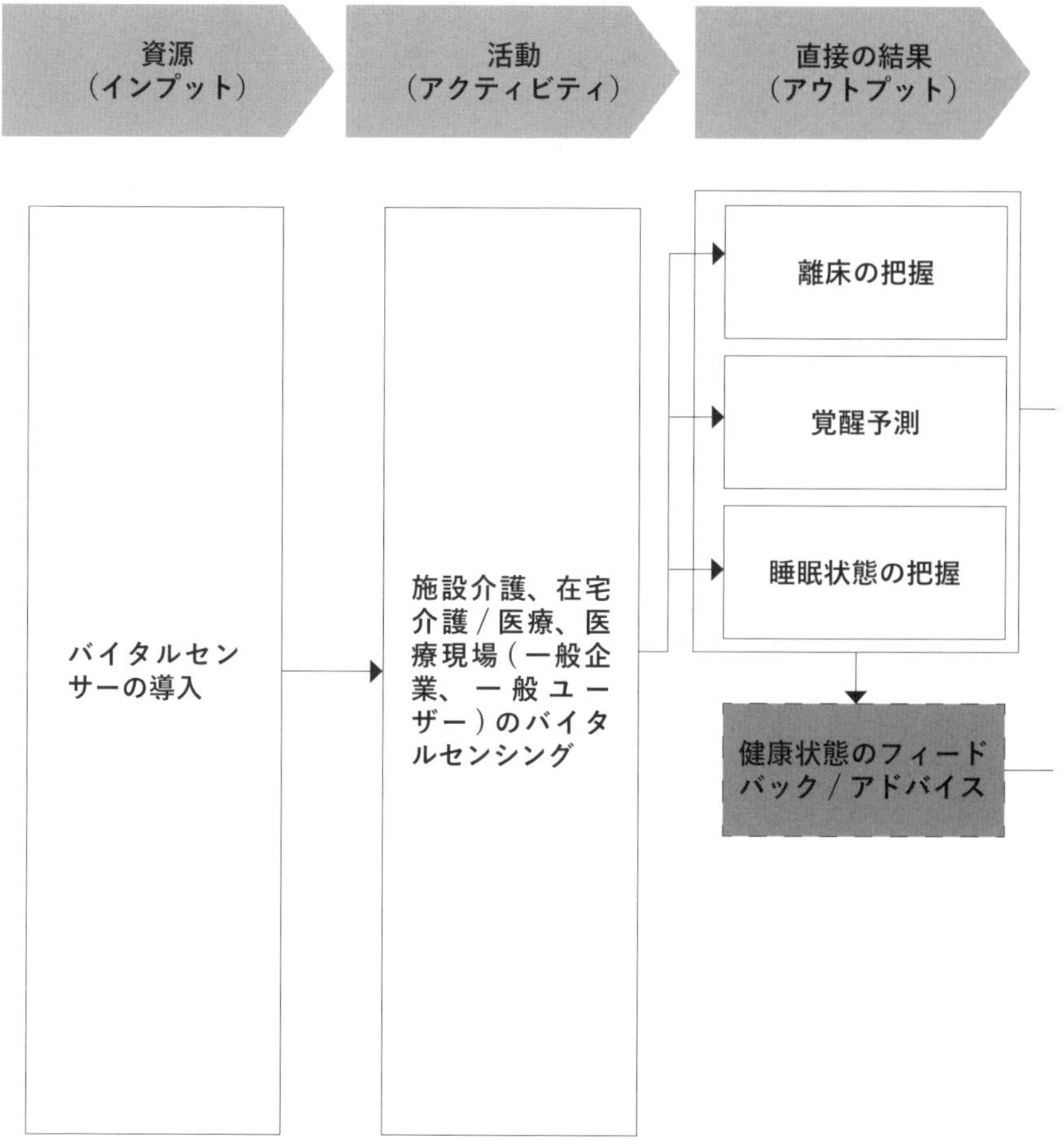

ます。たとえば、ベッドマットの下にセンサーシートを敷き、体動（体の動き）などをチェックする方法があります。

実際、山形大学のプロジェクトチームがベッドにセンサーシートを敷いて呼吸や脈拍などを計測し、体動を感知するという介護施設向けの「見守りシステム」をベンチャー企業、介護システム事業者と共同開発しています。

センサーはきわめて高感度で、睡眠の深さも検知することができます。入居者の離床だけでなく、どのタイミングで起きるのか（目が覚めるのか）の予測も可能で、介護士の見まわり負担の軽減が期待されるものでした。

そこで介護施設に導入した場合の効果がプロジェクト内で測定されました。

このプロジェクトは、介護士の負担軽減という社会に貢献する成果を目的としていることから、インパクト投資と捉えることができます。

以下に図表2で示した本プロジェクトの詳細を説明します。

インプットはバイタルセンサーの導入で、アクティビティはそのセンサーシートで何をするか、具体的には介護施設に導入することになります。

アウトプットは、センサーシートによって介護施設で寝ている人の呼吸や睡眠などの状態を把握します。

アウトカムは、それによってどんな効果があるかですが、アウトカムとして大きく2つの成果があげられます。

まず1つは、最終的にセンサーシートが介護施設での見まわりの代替になるという成果です。つねにセンサーシートが見守ってくれることで、これまで介護士が直接、起きているか寝ているか、呼吸しているか、見まわらなければいけなかったのをセンサーシートで代替できるようになります。

その結果、人手不足に悩まされている介護施設事業のサステナビリティがあがり、事業の存続につながります。そうしたインパクト、波及効果があります。

2つめのアウトカムが、入居者側のメリットです。

センサーシートにより、つねに自分の呼吸状態や睡眠状態を把握できるため、「最近、ちょっと呼吸の調子が悪い」などの健康状態を逐一把握でき、病気の予防につながります。それによって健康寿命を長くすることが可能になります。このメリットは、最終的には国全体の社会保障費（医療費・介護費）の削減にもつながります。

テム」事業化の全体像

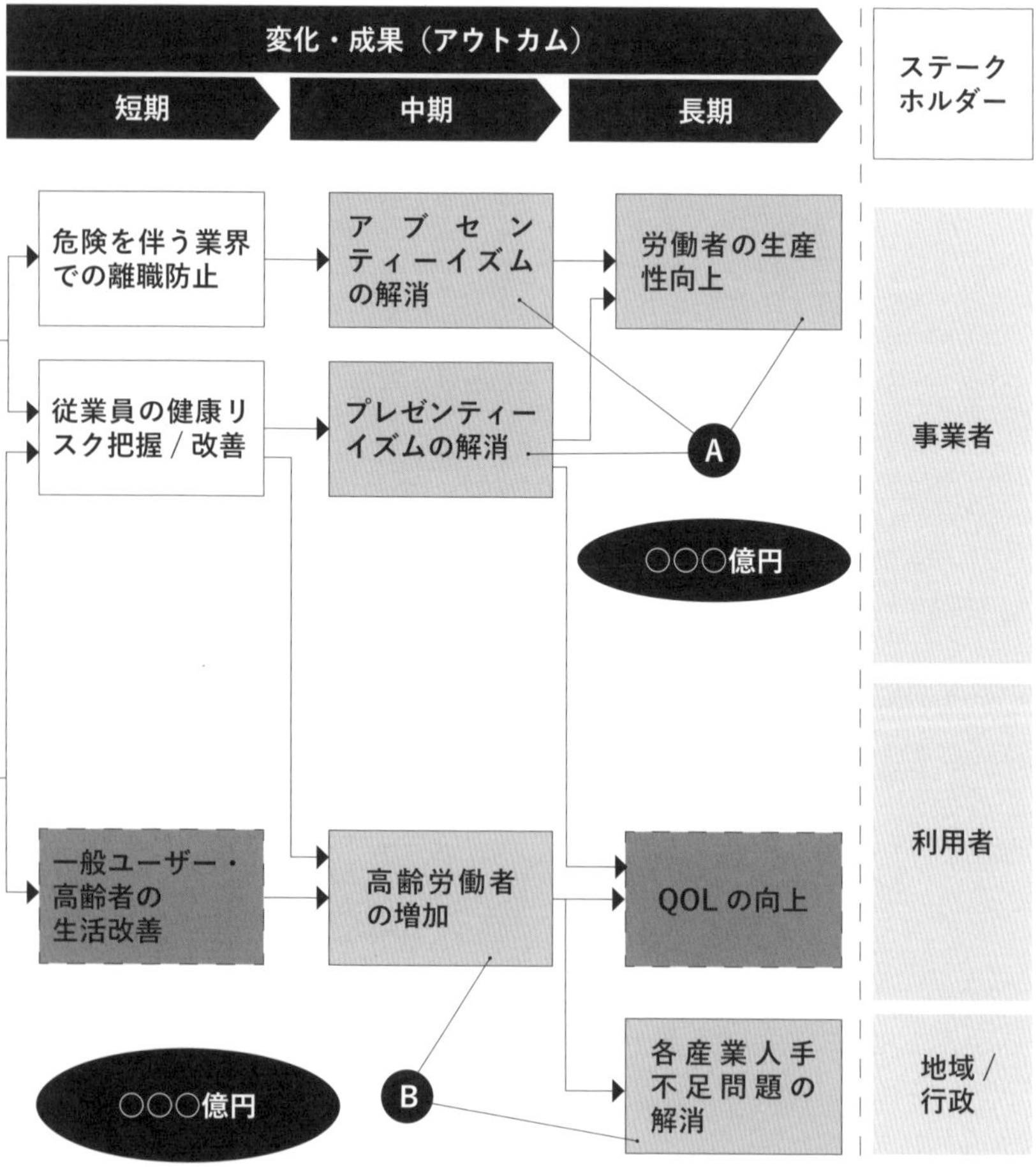

変化・成果（アウトカム）
短期
中期
長期
ステークホルダー
危険を伴う業界での離職防止
アブセンティーイズムの解消
労働者の生産性向上
従業員の健康リスク把握／改善
プレゼンティーイズムの解消
A
事業者
○○○億円
一般ユーザー・高齢者の生活改善
高齢労働者の増加
QOLの向上
利用者
各産業人手不足問題の解消
地域／行政
B
○○○億円

図表3　インパクト投資検証の事例：「帽子型センサーを用いた健康見守りシス

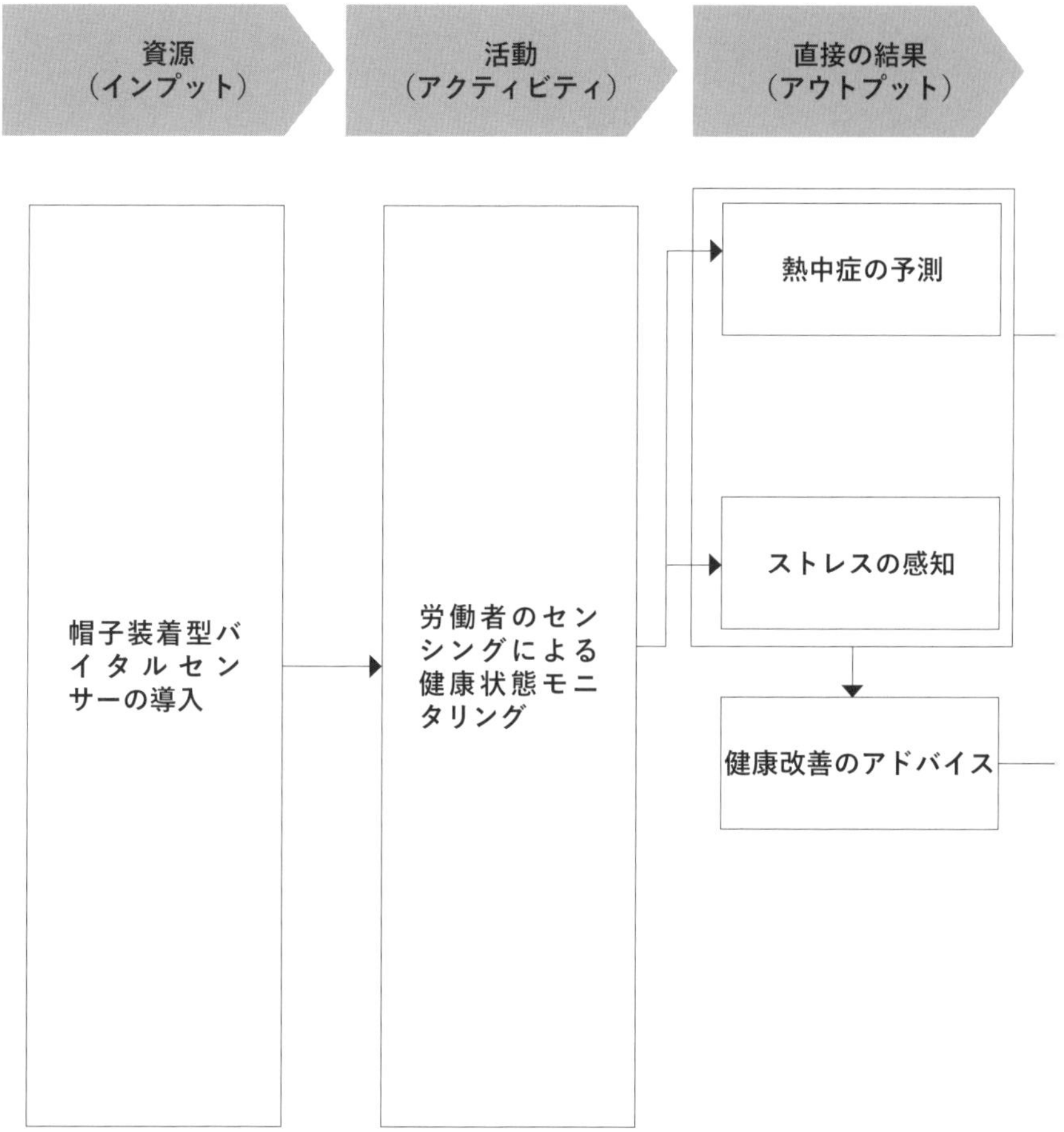

次に、帽子型センサーを用いた健康見守りシステム事業化の実例について説明します（図表3）。

このプロジェクトは、名称から分かるように帽子型センサーを装着することで健康状態を見守るシステムに関する、インパクト投資の効果を検証するものです。

対象となる業種・業界は、建設業、警備業、運送業、農業従事者、コールセンターなどですが、広く一般のユーザーも対象とされます。

業種を見ると、いずれも従業員・従事者の安全、体調管理、ストレス予防が重要なファクターとなることが想定できると思います。

インプットは帽子装着型バイタルセンサーの導入で、アクティビティは労働者のセンシングによる健康状態モニタリングです。

アウトプットは、熱中症の予測、ストレスの感知であり、そこから具体的な健康改善のアドバイスが可能になります。

アウトカムは、短期的には危険を伴う業界での離職防止や従業員の健康リスク把握／改善。中期的にはアブセンティーイズム（体調不良による欠勤）やプレゼンティーイズム（心身の不調による生産性の低下）を防ぎ、長期的には生産性の向上に結びつきます。従業員の生産性を維持し、離職者を減らすことで管理コストを削減し、健康被害の減少をもたらします。いっぽうで、一般ユーザー・高齢者の生活改善にも活用でき、ＱＯＬ（Quality of Life、生活の質）の向上にも結びつき、あわせて社会保障費の抑制につながることで、社会的なインパクトをもたらすと判断されます。

インパクト評価に関しては、このようにどのような効果があるのかを明確にして、最終的にインパクトの波及効果の金額を算出することでインパクト評価が可能となります。

◯休眠預金とＳＩＢの活用

インパクト投資市場の拡大に貢献するため、さまざまな分野の有識者や実務者、研究者が参画している The Global Steering Group for Impact Investment（ＧＳＧ）という組織があります。

その日本支部、ＧＳＧ国内諮問委員会が２０２０年４月に「インパクト投資拡大に向けた提言書２０１９」を公開しました。その公開にあたりＧＳＧ国内諮問委員会のホームページに、下記の文章が掲載されています。

ＧＳＧ国内諮問委員会は、日本においてインパクト投資という言葉がまだ馴染みがなかった２０１５年に「社会的インパクト投資拡大に向けた提言書」を発行しました。この間、日本におけるインパクト投資への関心や取組みも徐々に増加し、前回の提言書にある７つの提言のうち、休眠預金の活用やソーシャル・インパクト・ボンドの導入、社会的インパクト評価の浸透等は実現に至りました。

この度新たに発行した「インパクト投資拡大に向けた提言書２０１９」は、この続編にあたります。本提言書では、日本および世界のインパクト投資をめぐる５年間の変化を述べると共に、２０２５年に向けてわが国で求められる取組みを「インパクト投資の拡大に必要な８つの取組み」としてまとめました。具体的な８つの取組みは以下の通りです。

・投資およびインパクト投資に関するリテラシー向上
・金融商品や資金供給チャネルの充実
・投資家への情報提供の充実・投資家の行動変容の促進
・事業者の成長の機会づくりとそれを支える組織・機関の充実
・社会的インパクト評価およびマネジメントの手法の確立・普及
・インパクト投資の概念的整理の充実、クオリティの維持
・社会実装と普及に向けた枠組みづくり
・多様な担い手のつながりの強化とコミュニティ形成の促進

この文章にあるように、日本でも休眠預金がインパクト投資に活用されるようになっています。

２０１８年1月に「休眠預金等活用法」が施行されました。これにより２００９年1月1日以降、10年以上取引がない普通預金や定期預金等は休眠預金とされ、国が管理して民間公益活動に活用されることになったのです。金融庁の資料によると、10年以上取引のない休眠預金は年間約７００億円も発生していると言われます。

そして、２０１９年に開催されたG20大阪サミットで、安倍首相が「日本は、地球規模課題の解決に必要な資金確保のため、社会的インパクト投資や、休眠預金を含む多様で革新的な資金調達の在り方を検討し、国際的議論の先頭に立つ考えです」とスピーチしました。そうした流れを受けて、２０１９年から休眠預金を社会課題の解決や民間公益活動の促進のために活用する制度が始まりました。

実際にＮＰＯ法人や社会的企業の行うインパクト投資の財源として活用されていますが、今後は休眠預金が、インパクト投資に大規模な民間資金を動員するための呼び水としての役割を果たすことが期待されています。

世界的には、インパクト評価に熱心に取り組んでいるイギリスでは、休眠預金に関する法律に基づいて２０１２年に Big Society Capital が設立されています。イギリスの Big Society Capital に相当する機関として、日本でも経団連を母体としたＪＡＮＰＩＡ（一般財団法人日本民間公益活動連携機構）が指定活用団体となり、資金が提供されています。

また、ソーシャル・インパクト・ボンド（ＳＩＢ）は、２０１０年にイギリスで始まった官民連携による社会課題解決のための投資方法です。

行政が抱えている社会課題の解決にあたり、民間から調達した資金をもとに民間の事業者を活用し、その成果に応じて行政から報酬が支払われます。そして、資金提供者には事業の収益や社会への貢献度によって事業資金と配当が支払われます。

ＳＩＢは、地方自治体が抱えている社会課題を解決する事業の実施を民間企業に委託することで、革新的な事業の実施、さらにはコストの削減が期待されています。日本でも２０１５年からＳＩＢを活用した事業が開始されています。

○なぜインパクト評価が注目されるのか？

日本でもＧＰＩＦが資金の運用先の選定においてＥＳＧ投資を重視するようになり、インパクト評価への注目が高まってきました。

ほかにもインパクト評価が注目される理由があります。それは政策面からです。国としては、少子高齢化により社会保障費が年々増加することで、社会保障費以外に使うことのできる予算が限られています。その一方で、国や地方自治体に求められる行政ニーズは増えています。

つまり、限られた予算で、すべてのニーズに応じることは不可能なのです。したがって、納税者などの関係者に対して、行政が実施する事業の優先順位を説明する必要が生じてきます。そしてその際には、費用と効果という観点からも説明を行い、関係者に納得してもらわなければいけません。

たとえば欧米諸国では、ＥＢＰＭ（Evidence-Based Policy Making／エビデンスに基づく政策立案）による取り組みが進んでいます。

平成30年度の内閣府取組方針では、ＥＢＰＭを「政策の企画立案をその場限りのエピソードに頼るのではなく、政策目的を明確化したうえで政策効果の測定に重要な関連を持つ情報やデータ（エビデンス）に基づくものとすること」と定めています。

このように日本でも、データや数値など定量的な評価に基づいて政策を立案することが重視されるようになってきました。

ＳＩＢのように成果に連動した形で、目標を達成したらお金が支払われる、あるいは多く支払われるという方式が広がっています。

日本でも、単に「予算をどれだけ使った」「この事業を行いました」ではなく、政策が達成しようとしている目標や実施事項に応じた成果やアウトカムから検討された実績項目が計画に加えられるという流れが生まれています。

ＳＤＧｓの実現には、今以上にインパクト投資を重視する流れを加速し、トランスフォーメーション（大変革）を起こす必要があります。

ただしその実現には、企業や投資家だけでなく、国や地方自治体、公的機関などさまざまな関係者が共通の目標に向かって力を合わせることが求められます。すでに経団連・東京大学・ＧＰＩＦの連携が生まれているように、日本でもその動きは強くなっています。

いずれしろ、経済活動の主体となる民間企業のインパクト投資を重視する姿勢が大切になることは間違いありません。

第2章

インパクト投資が道をひらくさまざまな事例

ＳＤＧｓの実現には民間の資金の活用が必要で、そのためにはインパクト投資に対する評価が重要になります。

それでは、日本ではどのようなインパクト投資、インパクト評価が行われているか、新聞記事等を参考に事例を見ていきましょう。

○ＰＳＩ社による社会的インパクト投資のプラットフォーム

２０２０年12月9日の日本経済新聞（電子版）に、ＰＳＩという京都にある会社を龍谷大学の深尾昌峰教授が紹介しています。以下はその記事です。

（略）京都市に本社のあるプラスソーシャルインベストメント（以下ＰＳＩ社）は、第2種金融商品取引業者として社会的インパクト投資のプラットフォーム「エントライ」を運営しています。この「エントライ」を通じて資金を募り、社会課題に挑戦する人を地域で支援する仕組みを提供しています。地域の事業者と

住民をつなぐ存在です。

ＰＳＩ社の経営には筆者も関わっていますが、以前紹介したＳＩＢ（ソーシャル・インパクト・ボンド）事業を滋賀県東近江市、愛媛県西条市など全国８カ所で実施しています。さらに地域金融機関や信用金庫と連携して、地域課題を解決する事業を立ち上げたりしています。また地域企業が発行する証券や債券を、金融機関の窓口で購入できるような仕組みも検討しています。

これらの取り組みは、地域内の資源循環を促進し、住民が「自分ごと」として地域に関わるきっかけ作りで、地域の持続可能性を支えるための重要な役割を果たします。こうした地域における新たなチャレンジが、インパクト投資を地域に根付かせるのでしょう。

ＰＳＩ社は「２０２５年　社会的投資が当たり前の社会へ」をビジョンに、パラダイムシフトを目指して活動している会社です。

そのパラダイムシフトとして、具体的には「持続可能なローカルファイナンスの実現」「持続可能な社会の実現」「地域住民が実感できるＥＳＧ投資の実現」「ＳＤＧｓ

の観点でのローカルビジネスの引き延ばし」「投資のパラダイムの変化による新たな資本主義の創出」の5つがあげられています。

PSI社の特徴は、記事で紹介されているように社会的インパクト投資のプラットフォームとなる「エントライ」を運営していることです。このプラットフォームを通じて資金を募り、社会課題の解決に挑戦する事業者を地域で支援する仕組みを提供するという仲介役を果たしています。

プラットフォーム「エントライ」では、社会的インパクト投資によるエコシステムを、事業を展開する地域内において形成することを目指しています。エコシステムとは、複数の企業や組織が連携してつながり、消費者や社会を巻き込みながら共存共栄していく仕組みのことです。

SDGsは世界全体で課題解決を達成することを目指していますが、世界全体と言われても範囲が広すぎると感じる人が多いかもしれません。しかし、その範囲を地域社会に限ることで、共通する価値も多くなり、問題点を捉えやすくなります。エコシステムの目的である共存共栄を達成する可能性も高くなります。

ＰＳＩ社の言葉を借りれば、投資家にとっては「社会的投資」、ローカルプロジェクトを行う事業者にとっては「資金調達」、地域社会にとっては「地域価値の増加」、三者それぞれにメリットのあるインパクト投資は新たな選択肢になりうるのです。

このようにＰＳＩ社は地域内からお金を集めて事業団体や組織に投資するというエコシステムを作っています。

地域社会に限定することでインパクト投資を根付かせるという取り組みを行っているわけですが、従来ならこういった取り組みを地域社会だけでなく世界全体に置き換えると、その社会的価値を共通価値として認識することが難しくなります。

例えば、ＳＤＧｓの目標である「教育の質」「水の安全性」「飢餓」などを「他人ごと」ではなく「自分ごと」として考えられる人が、日本国内にはどれだけいるでしょうか。ある人にとっては深刻でも、別のある人にとっては無関係だと感じられることも当然起こり得ます。

しかしＳＤＧｓに限らず、社会的課題の解決には世界全体で取り組まなければ、持続的な経済成長は実現せず、中長期的には自らの不利益につながるという認識も広がっています。私たち一人ひとりが、世界全体を構成する一員であることを忘れてはいけません。

ＰＳＩ社の運営するプラットフォームのように、世界全体においても社会的インパクト投資のエコシステムを創出していく必要があります。

ただし、投資する際にはそのお金にどれくらいの効果があったのかがわかりにくいままでは、投資を持続することは難しくなります。そのためにもインパクト評価が求められるのです。

○スポーツビジネスにおける社会的構造の「見える化」の動き

新型コロナの感染拡大によりスポーツ界も試合の中止や無観客試合、観客数の上限設定など、多大な影響を被っています。

そうした事態を受けて、２０２０年5月、日本プロサッカーリーグ（Ｊリーグ）の木村正明専務理事が国税庁に対して「Ｊリーグの会員クラブに対して支出した広告宣伝費等の税務上の取扱いについて」と題した照会を行いました。

この照会の背景には、これまでJリーグとプロ野球では親会社やスポンサーに対する税制上の扱いが異なり、プロ野球にのみ優遇措置が認められていることがあります。

その照会文です。


政府からの全国規模の大規模イベント等の中止、延期、規模縮小等の要請に伴いサッカー界においても、サッカー活動やプロサッカー興行の運営自粛を余儀なくされ、Jリーグも試合再開の目途が立たず、甚大な打撃を受け、まさに存亡の危機に直面しております。

このような状況の下、Jリーグの各会員クラブはこの難局を乗り切るため、様々な経営努力を行っておりますが、新型コロナウイルスの収束が見通せない中、赤字経営を余儀なくされるケースも見込まれています。

そこで、親会社がJリーグのクラブ経営の赤字補填のため、自己の子会社等であるクラブ運営会社に対して金銭の支出等をした場合の税務上の取扱いについて、下記のとおり解して差し支えないか照会いたします。

そして、以下の場合の税務上の取り扱いが照会されました。

1　自己の子会社等であるクラブ運営会社に対して支出した広告宣伝費等の取扱い
直接的な親子間だけでなく同一グループ内に属する関係会社含めて広告宣伝効果が見込める会社が支出した金銭のうち広告宣伝費相当分（所謂スポンサー料）は支出時の損金と認められる

2　親会社がクラブ運営会社の欠損金を補てんした場合の取扱い
子会社の対象事業に係る欠損金の範囲内での金銭補てんは広告宣伝費（寄附金ではない）

3　親会社がクラブ運営会社に対して行う低利又は無利息による融資の取扱い
復旧支援を目的とした、相当の期間内の低利（無利息）融資は寄附金に該当しない

Jリーグからの照会に対して、国税庁側は課税部審理室長名義で「ご照会に係る事実関係を前提とする限り、貴見のとおりで差し支えありません」と回答し、照会内容を肯定しました。つまり、Jリーグにもプロ野球と同等の税制優遇の特例措置が認め

られたのです。

Jリーグのクラブの親会社に税制優遇措置が認められたことは、スポーツの経済的な価値だけでなく、社会的な価値が認められてきた証しと言えます。

このニュースに関連して、スポーツコンサルタントの杉原海太氏が2020年7月24日の日本経済新聞（電子版）に、「税制優遇措置を得たJリーグ　三方良しの制度設計を」という記事を寄稿しています。

（略）今は企業が社会を良くする活動に積極的に関わるのが当たり前になっている。投資の世界でもESG（環境・社会・企業統治）に配慮しながら投資するのが世界的潮流になりつつある。そういう時代には親企業はオーナーシップを遠慮がちに使うのではなく、むしろ前面に出して、「我が社はJリーグとクラブと一緒になって、こんな社会の実現を目指します」と本気で訴えてもらった方が、お互いに相乗効果をもっと出せるように思うのである。

（略）スポーツのチームが持つ社会的な価値や影響力を、本業につなげ、企業にも、社会にも、スポーツにもプラスになるような、三方良しの仕組みを、やりようによっては構築できる時代になりつつある。未曽有のコロナ禍のなかにあっては余計にそういう共創が望まれると思うのである。

Jリーグのクラブは、単なるスポーツの枠を超え、地域密着を理念に地域貢献活動を行ってきました。そして、その方法は「親会社は控えめに振る舞い、チームの公共財としての価値を高め、地域の行政や市民の支援をとりつけやすくする」というモデルでした。

しかし、これからは親企業もオーナーシップを前面に出して、地域に寄りすぎていたバランスを、少しは企業寄りに戻すことを考えるべきかもしれません。なぜなら、企業が社会を良くする活動に積極的に関わることは当たり前と認識される時代を迎えているからです。

記事では、社会的価値の「見える化」にもふれています。

スポーツは大きく分けて、広告宣伝媒体としての価値と社会的な価値がある。前者は現在のスポーツビジネスのメインストリームといえるもので、五輪やサッカー・ワールドカップのようなメガイベントはその価値を極大化し、莫大な収益を上げてきた。視聴者数や視聴率、メディアの露出量など分かりやすい指標もあって、財布のひもを握る各ステークホルダー（利害関係者）の意思決定を促しやすい。

一方、社会的価値の方は説明が難しい。スポーツビジネスに関わった人なら誰でも覚えがあると思うけれど、社内でも社外でも役所でも、スポーツに詳しくない上長に説明するときにこちらはひどく難渋する。「説明できないとダメ病」と名付けたくなるような環境下では、まったくもって不利な状況に追い込まれやすい。

その道を切り開こうとしてか、欧州サッカー連盟（UEFA）は「SROI（Social Return On Investment）」という概念を使うようになっている。サッカーを支援すること、サッカーに投資することで、社会にどれだけ良いリターンがあるかを「見える化」するプロジェクトである。草の根のサッカー活動が人々のより良い暮らしにどれほど役立っているか。健康へのインパクトや教育的なインパクトといった項目ごとにメリットを可視化し、金額に換算していく。

こういう考えが広く世の中に浸透していくと、スポーツの持つ社会的価値の方も、これから認知が進むのだろう。


記事にも書かれているように、スポーツには広告宣伝媒体としての価値と社会的な価値があります。

スポーツの経済的価値は広告宣伝媒体としての価値になります。この経済的価値には視聴者数や視聴率、メディアの露出量などわかりやすく、ステークホルダーの間でその効果や意義が共通認識化された指標があり、また経済的利益との関連性もわかりやすく、ステークホルダーの意思決定も促しやすいとされています。

対照的に社会的価値については、ステークホルダーへの説明が難しいとされています。その理由は、実際の実施タイミングから効果の実現までの期間が長期であったり、効果の波及範囲が広かったりするため、経済的価値に比べて、その価値を捉えづらい点があげられます。

この問題を解決する糸口になると考えられるのが、「社会的価値の見える化」です。社会的価値を指標として定量化し、「見える化」するのです。

判断材料となる指標がないと、ステークホルダーへの意思決定を促すことができず、新たな試みにチャレンジするお金もまわってきません。つまり、社会的な価値をいくら生み出しても、あるいは「(自分たちは)生み出しています」と言っても、その価値を評価する指標がないと説得力を伴いません。

そこで参考になるのが、欧州サッカー連盟(UEFA)が行っている、サッカーを応援すること、サッカーに投資することの社会的価値の定量化です。社会的価値が定量的に数値等によって表されることで意思決定が促進され、社会的に意義のあることにお金がまわってくるようになります。

すでにUEFAはSROIを活用して社会的リターンを定量化し、スポーツの社会的価値の「見える化」を図っています(インパクト評価を補完する役割を果たすSROIに関しては、次の章で説明します)。

Jリーグに限らず、さまざまなスポーツも社会的価値の「見える化」を試みることで、スポンサー企業、地域の行政や市民の支援を今以上に得られやすくなると考えられます。

○花王の「脱プラ」容器戦略

日常生活でもお馴染みの花王は日本を代表する大手化学メーカーですが、「ＥＳＧ経営の優等生」とも言われています。

月刊誌「日経ＥＳＧ」（日経ＢＰ）の２０２１年４月号「花王が挑む価値１００倍のＥＳＧ経営」には、花王のＥＳＧへの取り組みが紹介されています。

既にＥＳＧの取り組みでは確固たる地位を築いた花王は、21年1月、8年半ぶりにトップが交代した。澤田道隆・前社長（現会長）からバトンを引き継いだのは、研究畑を長く歩んできた長谷部佳宏社長だ。

澤田会長は社長在任中の18年7月に、社長直轄のＥＳＧ部門を新設し、執行役員のデイブ・マンツ氏をトップに就けた。翌19年4月にはＥＳＧ戦略「Kirei

Lifestyle Plan（キレイライフスタイルプラン）」を策定し、経営のかじを大きくＥＳＧへ切ると社外へも表明した。
長谷部社長は、こうした基盤を生かしながらＥＳＧ経営をさらに推進する。21年度からスタートした新中期経営計画「Ｋ25」の方針の筆頭に、「持続的社会に欠かせない企業になる」と掲げたところにもそれがよく表れている。企業理念も、従来の「花王ウェイ」から「ＥＳＧドリブン花王ウェイ」へ刷新する。さらに、社員の評価もＥＳＧに連動させる。新たに「ＯＫＲ（目標と主要な結果）」と呼ぶ人事制度を導入し、社員一人ひとりが必ずＥＳＧに貢献する目標を設定して取り組むようにする。

また、２０２１年１月19日の日本経済新聞（電子版）の花王を紹介する記事には、ＥＳＧ担当の執行役員であるデイブ・マンツ氏のインタビューが掲載され、具体的な活動が紹介されています。

――社会・顧客に奉仕するという花王の創業スピリットは１００年以上たった今

も企業理念に刻み込まれている。ただ、精神を引き継いでいるとはいえ、気候変動、廃棄プラスチック問題など新たな社会課題に対応するには、我々も変革せざるを得ない。

商品を作った後に何をするのかではなく、最初にデザインするところから考え方を変える必要がある。重要なのは消費者の行動が社会をより良い方向に導く力を持つということ。当社はこれを後押しするため、経営の根幹にＥＳＧを据えている。

２０１８年の秋に「プラスチック包装容器宣言」を出した。プラスチックは軽くて成型しやすく輸送品の保護に役立つが、負の面も少なくない。我々は「ごみゼロ」にフォーカスし、プラスチックのアイキャッチシールをなくす、容器をフィルム製にして使用量を減らすなど、着実に取り組みを進めてきた。

記事からもわかるように、花王は社長交代後に新たに発表された中期経営計画で、ＥＳＧ経営を本格化し、持続可能な社会を牽引することを明確に打ち出し、経営戦略とＥＳＧを融合させました。

花王は、製品にプラスチックを大量に使用するビジネスモデルだからこそ、「脱プラ」への注力を欠かすことはできません。そこで詰め替え用容器の次の段階として、新たな容器の製品を展開しています。

そもそも花王の主力商品である日用品は環境への負荷が大きい製品です。合成洗剤の材料は石油が中心で、容器のボトルもプラスチック。製品の輸送にはガソリンが使われます。使用済みボトルは正しく廃棄されなければ、いずれは海洋プラスチックになってしまいます。

こうした現実があることから、花王はＥＳＧ投資に取り組むにあたり商品を作った後ではなく、最初にデザインする段階からＥＳＧを重視することへと発想を転換したのです。

ＥＳＧ投資とは「募金」ではありません。ビジネス、経営のすべてをＥＳＧの視点から考える方向に変えていく必要があります。

企業側の努力だけでなく、消費者の行動にも社会を良い方向へ導く力を持つことが重要です。花王はこれを後押しするためにＥＳＧを経営の根幹に据えるとしています。

そして、持続可能な社会実現のために不可欠なグローバル企業を目指すにあたり、花王がなによりも重視しているのがプラスチック使用量の削減です。

花王は、2020年4月にアメリカで「MyKirei by KAO」というシャンプーを発売しています。この商品は、パッケージの外側に空気を入れて自立させるデザインのため、とても軽いことが特徴になっています。しかも従来の製品と比較して、プラスチック使用量が半分で済むと言います。

花王はすでに1990年代から詰め替え用商品を展開しており、現在は国内販売の8割が詰め替え用になっています。また、液体洗剤の濃縮化により包装容器のコンパクト化にも成功しています。

その結果、プラスチックの使用量は以前より74%削減できたそうです。この数字は、「脱プラ」に本気で取り組む花王が「ESG経営の優等生」と言われる理由を裏付けています。

SDGs達成には、社会システムや個人の行動様式などの抜本的なトランスフォーメーションが必要とされています。花王のように抜本的に考え方を改め、必要であればビジネスモデルでさえ変える。そうした気概を持ってリーダーシップを発揮する企業やその経営者の力が求められているのです。

◯静岡銀行の「ポジティブ・インパクト・ファイナンス」

現在、世界中が新型コロナウイルスのパンデミックの対応に追われています。その一方で、環境や貧困といった長期的な課題の解決も急務とされ、その解決策としてSDGsへの取り組みが求められているのです。

金融業界ではSDGsの達成に必要な資金の調達法の1つとして「ポジティブ・インパクト・ファイナンス」（Positive Impact Finance：PIF）が注目を集めつつあります。

PIFとは、社会や環境へ変化や影響を及ぼすインパクトの分析・評価を行い、ポジティブなインパクトを増加させ、ネガティブなインパクトを低減させる活動への継続的な支援を目的とした融資です。目標達成への貢献度合いを評価指標として活用し、情報開示することに特徴があります。

日本では2019年3月、三井住友信託銀行と食用油などを生産する不二製油グループ本社の間で、世界初となる「資金使途を特定しない事業会社向け融資タイプ」の融資契約が締結され、その後も成約件数は増えています。

ＰＩＦを採用すると第三者の評価が必要とされます。その結果、不二製油グループ本社はＳＤＧｓに基づいた経営をしていること、三井住友信託銀行はＳＤＧｓに基づく金融活動を行っていることを国内外にアピールでき、企業イメージのアップにもつながりました。

ＰＩＦはもともと国連環境計画（ＵＮＥＰ）が提唱したもので、ＳＤＧｓに積極的な企業を対象にした融資への参加を金融機関に呼びかけました。これは、ＥＳＧ金融の発展形として、適切なリスク・リターンを追求するものと位置づけられます。

また、従来のＥＳＧ投資と比較すると、明確にインパクトを意図する点、およびインパクトの測定を行う点に特徴があります。ＰＩＦはＥＳＧ融資の発展形と考えられます。

共同通信社が運営する情報発信サイト「ＯＶＯ（オーヴォ）」に、「静岡銀行が『ポジティブ・インパクト・ファイナンス』実施　SDGsに貢献する企業に融資、中小企業向けは国内初」（2021年2月2日配信）がアップされています。

企業の環境保全や社会問題などへの姿勢を評価して投資する「ESG（環境・社会・企業統治）投資」の動きが広がっている。「ポジティブ・インパクト・ファイナンス（PIF）」もその一つだ。SDGsに積極的な企業を対象にした融資で、国連環境計画（UNEP）が提唱し、金融機関に参加を呼び掛けた。

日本でも大手銀行を中心に実施が始まる中、このほど静岡銀行（静岡市）が地元企業とPIF契約を結んだ。対象は平野ビニール工業（静岡県磐田市）で、2021年1月29日に1億円の融資契約を締結した。静岡銀行によると、中小企業を対象にしたPIFは国内初。地銀による実施も初めてだとしている。

企業活動への評価基準は、環境・社会・経済の側面でプラスとなる「ポジティブ評価」と、マイナスな要素（ネガティブ）を減らす活動について検討した。（略）ポジティブな影響は、外国人従業員の雇用、地域活動への積極的な参加など「多文化共生」を評価。ネガティブな影響は、廃棄物の削減、省エネ機器の導入といった環境負荷の低減が評価された。

静岡銀行は「ＰＩＦはグローバルな枠組みだが、地方銀行が実施することで地域経済への関わりを深めるとともに、地元企業と一緒になって取り組むことができる」と強調する。金融機関にとっても、ＳＤＧｓへの取り組みに積極参加していることを投資家らにアピールすることになり、今後地方にも広がることが期待される。


中小企業を対象にしたＰＩＦは国内初で、地方銀行がリスクをとって初めて実施した点が注目に値します。リスクにシビアな金融機関のなかでもその傾向の強い銀行が、実際にインパクト投資を行っているのです。

また、企業活動への評価を自社で行うことは負担が大きいので、日本格付研究所（東京）の協力を受けて、地域シンクタンクの一般財団法人静岡経済研究所（静岡市）が分析しています。つまり、外部の組織に評価を委託して、効率性と客観性を高めている点も注目されます。

静岡銀行が言うように、地方銀行が実施することで地域経済への関わりを深め、地元企業と一緒になって取り組むことができます。

SDGsなどは、トップダウンにより取り組まされるものではありません。世界中の各セクターが参加し、まわりを巻き込んでトランスフォーメーションを起こす必要があるのです。

◯第一生命、シェアリングエネルギー社にインパクト投資

第一生命は2021年2月15日に、インパクト投資として株式会社シェアリングエネルギーへの投資を発表しました。

そのニュースリリースは「【インパクト投資】株式会社シェアリングエネルギーへの投資　～住宅用太陽光発電等の分散型再生可能エネルギー電源創出を通じたCO_2排出削減への貢献～」と題されています。

シェアリングエネルギーは、住宅用太陽光発電システムの第三者所有サービス「シェアでんき」の提供を行うベンチャー企業です。「シェアでんき」のサービスとは、

シェアリングエネルギーが太陽光発電設備の所有権を有し、住宅居住者と電力購入契約を締結して発電電力を提供する仕組みで、居住者にとっては初期費用・維持費無料で太陽光発電システムの利用が可能となります。

つまり、太陽光発電をはじめとする分散型電源の設置により、エネルギーの自家消費・地産地消を促進するわけです。

このサービスは、再生可能エネルギーの普及や分散型エネルギー源の創出・活用を通じてCO_2排出量の削減を実現するという社会的インパクトを持ち、シェアリングエネルギーへの投資はインパクト投資となります。第一生命はＥＳＧ投資の一種であるインパクト投資として1億円の投資を実施したのです。

ニュースリリースには以下のように記載されています。

「本投資を通じて、高い投資収益の獲得を目指すとともに、CO2排出量削減（社会的インパクト）が期待されるシェアリングエネルギーの取組みを資金面からサポートし、その進捗状況を継続的にモニタリングしていきます。

当社は、引き続き運用手法の高度化・多様化によって資産運用収益の向上を図るとともに、責任ある機関投資家として持続可能な社会の形成に寄与すべく、ＥＳＧ投資に積極的に取り組んでいきます」

第一生命は２０１７年の第一号案件「マイクロファイナンス事業支援を行う五常・アンド・カンパニー株式会社へ投資」以降、多くのインパクト投資を実施しています。そして、「高い投資収益の獲得を目指すとともに」と書かれているように、第一生命はＥＳＧ投資に対して、社会的リターンだけでなく経済的リターンも明確に目指しているのです。

インパクト投資とは、ＧＳＩＡ（世界持続可能投資連合）によるＥＳＧ投資の７つの分類の１つで、経済的リターンの獲得と社会的インパクトの創出の両立を狙って投資判断を行う投資手法です。

ＥＳＧ投資のなかでも、地域開発プロジェクトやマイクロファイナンスなどの課題に取り組む企業に投資して、社会問題や環境問題の直接的な解決を目指して実施される手法とされています。

インパクト投資はＥＳＧ投資の一手法に含まれますが、環境問題だけでなく社会問題の解決を目的に含む点に特徴があります。また、ＥＳＧ投資のなかで唯一、経済的リターンと並んで社会的リターンを明確に目的に掲げる手法となっています。

したがって、社会的リターンを定量的に評価する必要があり、インパクト評価が重要になるのです。

このシェアリングエネルギーへの投資では、今回の取り組みによってCO_2排出量がどれだけ削減されたかが定量的に示されなければいけません。そこで、インプット↓アウトプット↓アウトカム↓インパクトという流れに沿って評価が行われる必要があります。CO_2の排出量がどれだけ削減されたかを貨幣価値に換算して評価が行われるのです。

○ライフイズテック、社会的インパクト投資として約15億円の資金調達

中高生向けのプログラミング教育事業を手がけるライフイズテック株式会社は、２０１９年11月15日に「ライフイズテック、社会的インパクト投資として約15億円の

資金調達を実施」というプレスリリースを発表しています。

その冒頭には以下の文章があります。

「社会的課題を解決する事業を投資対象とした新生企業投資株式会社等が運営に関与する『インパクト投資』ファンドを中心に、第一生命保険株式会社、株式会社丸井グループ、山口キャピタル株式会社、加賀電子株式会社、株式会社小学館、株式会社アカツキなどを引受先とした第三者割当増資により、総額約15億円の資金調達を実施いたしました。今回の資金調達を含め、累計での資金調達総額は、約25億円となります」

資金調達の目的と事業展開は次のように示されています。

「当社は『中学生・高校生一人ひとりの可能性を最大限伸ばす』をミッションとし、2011年よりこれまで延べ40000人以上の中高生へIT・プログラミングを学ぶ機会を届けてきました。ITスキルや『自ら創り出す』体験がますます重要になる一方で、興味を育て、スキルを習得し、好きなことを見つけてチャレンジする環境は十分とはいえません。こうした状況のなか、今回調達した資金を活用し、さらに多くの子どもたちが可能性を拓いていく機会を提供することで、社会的インパクトの創出に取り組んでまいります」

そして、社会を変える次世代のデジタル人材の育成に貢献するため、その具体的な方法があげられています。

・より多様な学びを多くの中高生に届けるためのキャンプやスクール事業の拡充
・企業や地方自治体と連携した、社会課題解決に取り組む学習プログラムの企画運営
・義務教育化が進む中学・高校における教職員を対象とした教材提供やトレーニング
・北米やアジア、アフリカにおける指導人材の育成やプログラミング学習教材の提供

さらに「こうした取り組みについて、今回の調達よりご参加いただくインパクト投資家や外部の専門家と連携しながら事業の社会的成果を可視化するインパクト評価を実施し、社会的インパクトと事業の持続性を担保する経済的リターンの両立を追求してまいります」とまとめられています。

このようにライフイズテックは社会的インパクト投資として、第三者割当増資で約

15億円の資金調達を実施しました。資金調達の目的は、より多くの子どもたちが可能性を拓いていく機会を提供することで、社会的インパクトを創出することにあります。
そしてこのインパクト投資では、インパクト投資家や外部の専門家との連携によりインパクト評価を実施し、事業の社会的インパクトの可視化を目指しています。

このインパクト投資におけるアウトプットは、中高生に対するＩＴ・プログラミング教育の提供です。そして、そのアウトプットによる創出を狙う社会的インパクトは、ＩＴ人材不足の解消ですが、それだけなく、ＩＴ人材不足の解消によるＤＸ（デジタルトランスフォーメーション）の進展や地域間格差の解消などのイノベーション創出も目指しています。

これまで社会的事業では、アウトプットとして実施成果の報告を行うことが一般的でした。たとえば、「全国の中高生４万人に対して、ＩＴ・プログラミング教育を実施した」などが、アウトプットと同時に成果報告でもありました。
しかし現在は、その事業によって社会にどんな変化が起きたかという社会的インパクトが重要視されるようになっています。

ライフイズテックのインパクト評価でも、この投資によって「ＩＴ人材不足がどれだけ解消されたか」「ＤＸがどれだけ進展したか」「地域間格差がどれだけ解消されたか」などが評価対象になると考えられます。

その際に重要な点は、ＩＴ人材不足がどれだけ解消されたか、そしてそれによって地域間格差がどれだけ解消されたかなど、何のためにＩＴ人材不足を解消するのかという方向性をあらかじめ決めておくことです。

ただ単に、ＩＴ人材不足を解消するのではなく、この投資では地域間格差を解消すること、そのために全国のあまり教育が行き届かない中高生にもオンラインでプログラミング教育を行うという目的を事前に決めておき、それに沿ったインパクト評価を行います。

こうしたインパクト評価によって、事業改善やアカウンタビリティ（説明責任）の向上、さらなる資金調達へとつなげていくのです。

○多拠点住み放題「ADDress」への社会的インパクト投資

日本におけるインパクト投資のエコシステムをともに育て、社会課題を解決していくというミッションのもと、２０１８年9月に一般財団法人社会変革推進財団（ＳＩＦ：Social Innovation and Investment Foundation）が設立されています。

この社会変革推進財団は、ソーシャル・インパクト・ボンドを含むインパクト投資のモデル開発や、インパクト投資の普及のための環境整備、調査研究・政策提言に取り組んでいます。そして、世界に先駆けて成熟社会に突入する日本を起点として持続可能な社会を支える資金の流れを多様なパートナーとともに作り出すことを目指しています。

社会変革推進財団は２０２０年1月に、月額制で全国の家に自由に住める多拠点Co-living サービスを展開する株式会社アドレスへの出資を発表しました。

出資の目的・背景は以下のように説明されています（https://jp.techcrunch.com/2020/01/31/

address-fundraising-in-ex-series-a-round/)。

アドレスは、空き家を活用した多拠点生活を楽しむCo-livingサービスの提供を通じて、全国各拠点で起業やまちづくりなどで活躍する人々と連携し、各地で複業や教育、文化、医療活動などにも関わる関係人口の創出を目指すベンチャー企業です。昨年のサービス提供開始後、現在までに全国各地に30ヶ所の拠点を開発し、現在も事業を拡大しています。直近では、地方のADDress拠点に滞在しながらデュアルスクール（都市と地方の2つの学校へ同時に通学できる仕組み）を実践されている会員ご家族がいるなど、住まいの提供を超えて新しいライフスタイルを実現するような事例を生みだしています。

アドレスは、今回SIIFを始めとする投資家よりインパクト投資による資金調達を行ったことを契機に、定款のミッションを、「都市と地方の人口をシェアし、関係人口の増加並びに地域活性化に貢献する」ことを経営方針としてより明確にしました。今後、都市部と地域の人口の移動やリノベーションによる遊休資産の創造・利用を促進することで、地域の活性化に注力していきます。

ＳＩＩＦは、これまでも、社会課題解決と多様な価値創造が自律的・持続的に起こる社会を目指し、日本でのインパクト投資を推進すべく、新たな仕組みを作る組織に出資し、協働してきました。そのような活動を進める中で、特に地域においては、資金を循環させるだけでなく、人財・自然・文化などの資源を可視化し循環させる必要性を強く感じるようになりました。今回、ＳＩＩＦはアドレスに対し、新たな人的資本を生み出し、都市と地域間で循環させる新しい仕組み作りの担い手としての将来性を感じ、出資を決定しました。

さらに、今後の協業についても説明されています。

「ＳＩＩＦは、アドレスの事業が関係人口の増加や地域の活性化など社会に与える効果を測定し、その結果を経営や事業改善に活かす体制作りを同社経営陣と共同で進めていくことで、同社の成長や社会的な効果の拡大を推進してまいります。長期的には、関係人口の増加が地域に与える影響を明らかにしていくことで、更に多様な人々や事業者が地域に呼び込まれ、地域の活性化が促進されることを目指していきます」

アドレスが運営する月額制の多拠点プラットフォーム「ADDress」は、月額4万円からの定額で、全国の拠点に自由に住める多拠点コリビング（Co-living）サービスです。空き家などのオーナーと契約することで、遊休不動産の活用とコスト削減を図っています。

同社は社会変革推進財団、リノベる、アイティーファームを引受先とするこの増資と、日本政策金融公庫からの融資による資金調達で、サービスの拡大とともに人口減少や空き家の増加、都市部への人口集中等の社会課題解決に向けて、社会的インパクトの創出を目指しています。

そして出資者である社会変革推進財団は、社会的インパクト評価の知見やネットワークを生かして、社会的インパクトの可視化を支援します。

ADDressは多拠点居住という新しいライフスタイルを提案していますが、その目的は、人口減少による地方の空き家問題を背景に、都市と地方の人口をシェアし、地方活性化を進めることと明確になっています。そして、インパクト評価は社会変革推進財団が営利を目的としない外部の組織として行っています。

本章で見たように花王などの大企業からベンチャー企業まで、エピソードではなく社会に対する効果を定量的に測定した上で投資を行うという考え方に賛同し、さまざまな業界でインパクト投資への取り組みが盛んになっています。ただし、まだ課題もあります。次章ではそれを紹介していきます。

第3章

SROIとインパクト評価の知っておくべき知識とメリット

○ROIとSROI

ここまで、さまざまな社会的課題を解決するためにはインパクト投資が重要なこと、そしてインパクト投資を増やすためには定量的なインパクト評価が求められることを紹介してきました。

ただし、インパクト評価を行う際にアウトカムの定量化だけを行い、費用がどれだけ投入されているか、インプットの費用を算出しないケースも見られます。これでは投資をする側にとって、投入した資金がどれだけのリターンを生んでいるのか客観的な判断を行うことができず、不十分と言わざるを得ません。

投資する側と投資を受ける側、双方にとって共通言語となる指標はないのでしょうか？

「はじめに」で書いたように、その課題への回答として「ＳＲＯＩ」があります。

経営や株式の指標としてよく用いられるものに「ＲＯＩ」があります。ＲＯＩとは

Return on Investmentの略で「投資利益率」と訳され、計算式は下記になります。

ROI＝利益÷投資額

どれだけのお金を投入したら、どれだけ儲かるか、投資に対するリターン（利益）を表します。ビジネスではよく使われる指標ですし、株式投資を検討する際には必須と言えるでしょう。

ビジネスにおいては、いくらお金を入れて、いくら儲かったかが重要になります。その一方で現在では、ビジネス（事業）そのものへの評価だけでなく、その事業が社会にどれだけ良い影響を及ぼしたかという評価も重要になりつつあります。

そこで新たに生み出された考え方が、ROIに「S（Social）」をプラスした「SROI（Social Return on Investment）」です。一般的に「社会的投資収益率」と訳されます。

そのビジネスやプロジェクトは社会に対するインパクトがどれだけあったのか、そしてそのためにはインプットがどれだけ必要とされたのかが、ROIと同様の数式で計算されます。

SROI＝プロジェクトの社会的成果の金銭的価値÷プロジェクトに投入された総額

社会にとってどれだけ良かったのか。例えば、なにか新しいプロジェクトにより失業者が減ったとします。このこと自体は社会的に意義のある行いだと考えられます。そのとき、社会的にどれだけ意味があったのかをお金の価値に換算することで評価しようという考え方がＳＲＯＩです。「貨幣価値に換算することにより定量的に評価しましょう」ということです。

失業者を減らすことが目的のプロジェクトであれば、プロジェクトの成果を金額に換算した額（失業者が就職して得た収入の総額等）を、プロジェクトを実行するために投入された金額で割り算することで、ＳＲＯＩ値が導き出されます。

そして、ＳＲＯＩ値が１・０を上回れば、このプロジェクトは費用に見合う効果を生み出したと判断されるわけです。

最近は日本でも、投資ファンドなどが資金を出すときに、ただ儲かるのではなく、社会的意義もしっかり検討しようという傾向が強くなっています。単なる金儲けではなく、社会的貢献につながり、しかも成長している企業が投資先としては望ましいと考えられるようになっているのです。

お金を出す側にとって重要な指標になりつつあるということは、お金を受け取る側にとっても重要ということです。そのため、いわゆる機関投資家からお金を集める側にとって、ＳＲＯＩは大事な指標になりつつあります。

社会的に意義のあることにより多くの金額が投資されることによって社会は良くなっていきます。環境問題を含めて、なんらかの社会的貢献が増えると、社会課題を解決する好循環が生まれます。

投資する側と投資される側、双方の社会を良くしようという考え方に基づくＳＲＯＩは、ＳＤＧｓ推進の後押しになるのです。

以上が、ＳＲＯＩの大まかな説明になりますが、さらに詳しく見ていきましょう。

○SROIによるインパクト評価

社会的インパクトを定量的に評価する手法であるSROIは、費用便益分析（CBA：Cost-Benefit Analytics）をベースに、投資利益率（ROI：Return on Investment）の手法を応用して開発されました。

CBAとは、政府や地方自治体による公共投資などのプロジェクトが効率的に行われているか、どれぐらい効果があったのかを分析するための手法です。プロジェクトにかかった費用と、それによりもたらされた便益との比較で評価されます。

CBAは本来、ある政策やプロジェクトが行われる場合と、行われない場合のそれぞれについて、社会の構成員にもたらされる便益（アウトカム）を貨幣価値に換算し、便益の総和をプロジェクトに必要な総費用と対比することで、その効率性を評価する手法です。

つまり、インパクト評価の一種と言えますが、おもに公共政策を評価する手法として用いられました。

もちろん、政府や地方自治体だけでなく、民間企業などにおいてもCBAを取り入れることは可能ですが、CBAレベルの評価を実施することはコストの大幅な増加を招くため、民間企業ではあまり活用されなかったのです。

CBAと、その発展型であるSROIには共通点と相違点があります。

共通点は、CBAとSROIはともに費用（コスト）だけでなく便益（アウトカム）も貨幣価値に換算して費用便益比を算出する点です。

相違点は、評価の算出方法ではなく、アプローチ方法にあります。CBAでは効率性の評価の多くが、コンサルタント会社など外部の専門機関によって行われます。

一方、SROIではステークホルダー間の協議が重視され、関係者となるステークホルダーが参加する話し合いによって当該プロジェクトによる変化（効果）の貨幣価値換算が行われます。

そして、SROIでは経営改善のプロセスが内部化できることも、CBAとの大きな違いと言えます。

ＲＯＩは、日本語では「投資利益率」のほかにも「費用対効果」「投資収益率」とも呼ばれ、投資費用から生じた利益を測定する手法です。

利益が投資額よりも小さい場合、ＲＯＩは１・０を切ります。１・０を超え、ＲＯＩの数値が大きいほど収益性は高いと判断されます。

ＲＯＩを算出するメリットとしては、規模の違う複数の事業やプロジェクトの効果が比較できること、事業やプロジェクトの価値を定量的に判断できることなどがあげられます。どの事業にどれくらいの金額を投資すべきか判断する際は、このＲＯＩを用いることで投資対効果が優れている事業に集中して投資をすることが可能になります。また、事業の完了後にどれだけ効果があったのかを判断することもできます。

ＲＯＩの応用であるＳＲＯＩは、社会価値（Social Purpose Value）を貨幣価値に換算して、投入した資源と対比して投資対効果を測る方法です。ＲＯＩは投資に対する利益（経済的リターン）にのみ着目していますが、ＳＲＯＩは社会的リターンを評価する点が異なります。

このようにＣＢＡとＲＯＩから発展してできたのがＳＲＯＩなのです。

ＳＲＯＩを算出する際には、その事業やプロジェクトに関与するステークホルダーを確定し、各ステークホルダーについてインプット、アウトプット、アウトカムをあらかじめ定義し、それぞれを定量評価することが求められます。効果の算出では、アウトカムの社会的価値も計算されます。つまり、プロジェクトの活動やサービス提供などによるアウトプットと、ステークホルダーに生じた変化であるアウトカムは区別されるのです。

算出では直接的な費用に加えて、ボランティアや無形資産の投入などもコストとして定量化されます。また、経済的リターンだけでなく、社会的な価値も貨幣価値に換算した上で評価される点にＳＲＯＩの特徴があります。

○ＳＲＯＩの歴史と発展

ＳＲＯＩの開発は、アメリカのロバーツエンタープライズ開発基金（Roberts

Enterprise Development Fund：ＲＥＤＦ）が１９９７年から99年にかけて、費用便益分析（ＣＢＡ）と投資利益率（ＲＯＩ）の考え方を応用したことから始まりました。

ＲＥＤＦは非営利組織や社会的企業（社会問題の解決を目的として収益事業に取り組む事業体）の支援を行う中間組織（個人と国家をつなぐ役割を持つ組織）です。ＲＥＤＦは支援を行うにあたり、支援先組織の活動を定量的に評価し、支援の指標とするためにＳＲＯＩのフレームワークを開発したのです。

しかし、ＳＲＯＩを測定するためにはさまざまなデータが必要とされ、しかもそれらのデータ収集には多くの手間がかかります。そうした作業が支援先組織の負担になり、あまり実用的なものではありませんでした。

またＲＥＤＦには、アウトカムのなかでも純粋な社会的価値は貨幣価値に換算することには適さないという考え方もありました。

その結果、ＲＥＤＦは２００３年以降、ＳＲＯＩを積極的に活用することを休止しています。ＲＥＤＦは、むしろ貨幣価値がすべてではないことを強調し、アウトカムをＳＲＯＩに算入せず、受益者の数や雇用創出数などアウトプットレベルの定量的評価を併用すべきと提唱しています。

その後、アメリカでは2008年に米国ロックフェラー財団などにより、社会的インパクトのレポーティング基準であるIRIS（Impact Reporting and Investment Standards）が開発されています。また、SROIなど社会的インパクトの評価が助成金の支給や支援などの基準として活用されています。

やはり、社会的インパクトを貨幣価値に換算するには多くの困難が伴い、実際問題として難しかったようでアメリカでは一旦、あまり活用されなくなりました。

開発国であるアメリカよりSROIの活用に熱心に取り組んだのがイギリスです。非営利系シンクタンクであるNew Economics Foundation（NEF）やSocial Economy Scotland（SES）、またオランダのScholten & Frassen等もSROIの研究や運用を行っていました。

そして、ヨーロッパとアメリカの研究者らが国際的なコンソーシアム（共同事業体）を組織し、REDFのフレームワークをもとにしたSROIのガイドラインが2003年と2006年に発行されています。その後、NEFによってテストされ、応用・発展が続けられました。

２００９年以降は、CAN Breakthrough、Private Equity Foundation、Impetus Trustといった民間企業からの資金で支援活動を行うイギリスの財団が相次いでＳＲＯＩレポートを導入するなど、関心が高まっています。

イギリスにおけるＳＲＯＩへの対応は、政府がＳＲＯＩの標準化に積極的に取り組んでいる点に特徴があります。これは米国では見られなかった動きです。

例えば、２００７年にはイギリス政府とスコットランド政府が「SROI Project」と呼ばれる3年間のプロジェクトを立ち上げ、ＳＲＯＩの手法確立と標準化の研究を行っています。そして２００９年には、その成果としてＳＲＯＩの運用ガイドライン「A Guide to Social Return on Investment」が、イギリス内閣府とThe SROI Networkの共同出版により発行されました。

また２０１３年６月に北アイルランドで開催されたＧ８サミット（主要国首脳会議）では、イギリスのキャメロン首相がインパクト投資を提唱してインパクト投資タスクフォースが設立されています。その報告書（Social Impact Investment Taskforce 2014）においても、ＳＲＯＩがインパクト評価の一手法として紹介されました。

SROIが世界的に注目されて普及するようになったのは、2008年の「SROIネットワーク」（The SROI Network：現 Social Value UK）の設立がきっかけです。

この組織は、SROIの普及を目的にSROI実践者のネットワーク組織としてロンドンで設立されました。設立の背景には、サブプライムローン問題に端を発した世界金融危機を受けて、社会的企業の資源がひっ迫するという見通しがありました。

このネットワーク組織は現在、Social Value International として、45か国から2000人以上のメンバーが参加しています。SROIが世界的に広く認知されるようになったことは、このSROIネットワークの功績と言えます。そして、今でもSROIネットワークが発行するガイドラインがスタンダードな方法とされています。

実は、SROIを最初に開発したアメリカのREDFと、イギリスで普及したSROIネットワークでは、その分析方法が少し異なっています。

REDFのSROIは、経済的リターン（事業による収益等）と社会的リターンの双方を測定・評価対象にしていますが、社会的リターンについては政府の財政コストがどれだけ削減されたかという点に限定して評価するという傾向がありました。

対照的にSROIネットワークのモデルでは、経済的リターンはあまり評価対象とせず、社会的価値に関しては、より幅広く捉えて総便益に含めるという傾向があるのです。

この相違は、REDFのSROIが資金提供者の視点によるのに対し、SROIネットワークの評価方法はステークホルダー全体に対するアカウンタビリティ（説明責任）を重視しているからだと考えられます。

○SROIの特徴

SROIには大きく2つの特徴があります。1つが「貨幣価値換算」で、2つめが「参加型評価」です。

SROIの最大の特徴は、貨幣価値換算によってインパクト評価を行うことにあります。

ＣＢＡ（費用便益分析）に基づいて財務プロキシを用いることで、貨幣価値換算が難しいとされる社会的インパクトを貨幣価値に換算することが可能になり、経済的リターンと社会的リターンの両方を測定するのです。

財務プロキシとは、ある特定のアウトカムを貨幣価値に換算するため、代替的に使用する財務係数のことです。例えば、アウトプットが「小学校での交通安全指導の実施」で、アウトカムが「小学生の交通安全意識の向上」とすると、財務プロキシは「小学生の交通事故に対する支払い保険金額減少分」などが考えられます。

あるいは、「社内のマネジメント改善プログラム」によってもたらされたアウトカムが「従業員の離職率の低下」であるなら、財務プロキシは「従業員の退職率の減少による採用コストの減少分」などがあげられます。

この貨幣価値への換算には、社会に対する客観性の向上とアカウンタビリティ（説明責任）の向上というメリットが考えられます。

「この事業はこれだけ効果がありました」という説明を、お金をベースに説明することが可能になるのです。これはアカウンタビリティ（説明責任）の向上を意味します。

そして、「これだけの効果があるのなら、もっと投資をしよう」という投資をする側の判断材料にもなり、またお金が集まってくることにつながります。大きな社会的リターンを生むプロジェクトにも資金が集まるようになるのです。

また、1つのインパクトに対して複数の施策や解決手段が想定されるケースにおいては、貨幣価値に換算することでそれらの施策や手段の比較検討が可能になるというメリットがあります。

それぞれの施策や手段についてSROI分析を実施し、費用対効果において最適である方法を定量的に判断して選択することができるのです。

さらに、組織にとって関心の高いアウトカムを選別して貨幣価値に換算すれば、強力な社会へのメッセージとなり、マーケティング面からも有効であると考えられます。

2つめの特徴である「参加型評価」に関して、特にヨーロッパにおけるSROIでは、ステークホルダーの合意に基づいて行われる参加型評価が重視されています。事業やプロジェクトの実施主体だけでなく、受益者、資金提供者、中間支援組織、ボランティアなど、多くの関係者が評価に参加することになります。

一方、大規模な公共事業や政策の評価で活用されることが多いＣＢＡでは、前述したように外部の専門機関やコンサルタントによって評価が実施されます。そうした外部機関からの評価に比べて参加型評価が特徴のＳＲＯＩでは、経営改善のプロセスが内部化される可能性が高くなります。

経営改善のプロセスの内部化は、ＳＲＯＩの当初の目的である社会的インパクトの定量化とは目的が異なりますが、どのような財務プロキシで貨幣価値換算するのかを議論することは、ステークホルダー間で事業の社会価値を共有する機会につながると考えられます。

ＳＲＯＩの本質的価値として、「コレクティブ・インパクト」を生み出す触媒になりうる点を指摘する論者もいます。コレクティブ・インパクトとは、市民・行政・民間事業者・ＮＰＯ等が異なる立場を超えて、互いに強みやノウハウを持ち寄ることで社会の課題解決を図ることです。

つまり、ＳＲＯＩによりステークホルダー間のコミュニケーションが図られ、それによって社会価値が共有されながら事業がマネジメントされるというプロセスが重要であるとも考えられています。

○SROIの課題

次にSROIの課題を考えてみます。SROIの特徴として貨幣価値に換算することと参加型評価があげられますが、課題もそれぞれに関して指摘することができます。

SROIは異なるプロジェクト間の効率性の比較への活用が期待されています。そしてプロジェクトの実施主体にはSROIを算出して比較優位を確保し、資金調達につなげたいという目的があります。

貨幣価値に換算することによる課題として、費用便益比を指すSROIの値だけではプロジェクトの効率性の判断が難しいという点があります。

例えば、SROIで同じ2・0や3・0という数値が出たプロジェクトが複数あるとします。しかしその場合の問題点として、プロジェクトごとにSROIのプロセスや計算方法は異なり、決して同一ではないことがあります。

プロセスや計算方法が違うのに、結果の数値だけを見てプロジェクトの効率性を評価することは、政策や投資の判断として必ずしも適切とは言えません。同じ値であっても、プロジェクトによってその算出プロセスがまったく異なるからです。

この2・0や3・0という数値は、投資した金額に対するリターンを貨幣価値に換算すると、2倍や3倍になるということです。ただし同じ2倍でも、どの範囲までを金額に含めるかという前提が変わると判断が難しくなります。

投資金額のほうは比較的その総額の把握が容易ですが、アウトカムをどこまで含めるか、あるいはアウトカムの波及効果の捉え方によってリターンの範囲が変わりますし、貨幣価値に換算する基準が明確ではない場合もあります。

そのため実際には、2・0、3・0といったSROI値だけでなく、総便益や総費用、純便益などが明示されていることも多く見られます。

失業者を就業させることがプロジェクトの目的とすると、就職したことによって得られた収入などがアウトカムと考えられ、これは比較的貨幣価値として測定しやすいでしょう。しかし、出生率を上げることが目的のプロジェクトの場合は、出生率の上がったことによる貨幣価値をどのアウトカムの範囲まで含めるのかはかなり難しい問題になります。

つまり、指標の基準がプロジェクトごとに異なり、ほかのプロジェクトとの比較が困難だという指摘が課題としてあげられます。

SROI算出に用いられた指標の質的特性を判断するには計算プロセスを記述した定性的な情報が必要になるため、実際にはそうした情報もあわせて公表されることもあります。

また、こうした課題を克服するには、経験豊富な外部のコンサルタント会社などに協力を依頼することも解決方法となります。


SROIには貨幣価値換算だけでなく、ステークホルダー間の共通言語として参加型評価を実現する機能に意義があるとする人も多くいます。

さまざまな組織や人々が関係するプロジェクトには、ステークホルダー間で重要視する価値に相違が存在します。そこで貨幣価値を共通言語とすることによって、ステークホルダー間相互のコミュニケーションを促進することが期待されるからです。

ただしここで課題となるのが、ステークホルダー間で力の差が出てしまうという可能性があることです。

ステークホルダーとは、その事業やプロジェクトに関係する組織や団体や人々のすべてを指します。公共事業なら住民も含まれますし、お金の出し手や政府・行政、委託を受けて実際に行う団体や組織も含まれます。

そして、それぞれが自分の利益のために動くため、インパクトを測定する際には「自分にとってのインパクトはこれ」というふうに、自分たちの利益がそれぞれ違ってきます。その結果、それらのどこを重視するのかという点に、ステークホルダー間の重点ポイントの差が出てしまうことが考えられます。

ＳＲＯＩはおもに、投資家などの資金提供者に対して投資効果を提供することを目的に貨幣価値を共通言語として設定しています。そのため必ずしも中立的な基準と言うことはできず、資金提供者の観点に沿った評価手法として貨幣価値に換算するという側面が存在します。

しかし、ステークホルダーは資金提供者のように強い立場の者ばかりではありません。社会的に立場の弱い人もいます。そうした力の不均衡や利害対立がある場合、ＳＲＯＩの算出方法をどのように調整するかという点が課題として残されています。

それゆえにインパクトを検討する際には、最初に「このプロジェクトはこういう方向で変化をもたらしたい」という話し合いを行い、検討することが重要になります。これを「変化の理論」と言います。

最初に検討した変化の理論に基づいて変化の方向を示し、ステークホルダー間で共通認識を築いておく必要があるのです。

インパクトを測定する際には、各ステークホルダーが主張するアウトカムを単純に積み上げるのでなく、変化の理論に沿ったアウトカムを貨幣価値に換算することで、ＳＲＯＩはその価値をさらに発揮することが可能になります。

○ＳＲＯＩのさらなる活用を目指して

今後は、ＳＲＯＩをどのように活用していくことが望ましいのでしょうか。

最近はＳＲＯＩ以外にもさまざまなインパクト評価の手法が登場しています。そこで、インパクト評価では「こうした場合はこの評価方法を使う」というように整理が行われることが理想となります。

その上で、「今回はＳＲＯＩが適しているのでＳＲＯＩを使おう」というように、各組織が目的に沿った評価方法を選択できるようにすることが研究者の間では課題となっています。

ＳＲＯＩはもともと、非営利組織やお金を稼ぐことを目的にしていないボランティアなどの活動を評価することを想定して開発されてきました。

その後、インパクトを貨幣価値に換算するというわかりやすさと、資金調達に結びつくという特徴が注目を集め、地方自治体や民間企業などさまざまな組織や投資家の関心を呼び、広く知られるようになってきました。

実際、地方自治体や民間企業が行う事業へＳＲＯＩを適用する試みも増えています。そして、この動きはさらに加速すると考えられます。

また自治体などでは、これまでＳＲＯＩによる評価結果は説明資料に「とりあえず載せておきます」という程度の扱いしかされないことが多くありました。

しかし現在では、事業の評価に沿って予算がつけられる成果報酬型契約が導入され、「これだけ高い効果があるので予算を多めに払おう」というように、効果がどれくらいあるかが重視されるようになってきています。したがって、ＳＲＯＩのような評価方法の重要性は、さらに高まっていくはずです。

第4章

SROIで問題解決されたさまざまな事例

前章で見たように、ＲＯＩ（投資収益率）とは、インプットとアウトプットのリターンの比率の意味で、投資の世界でよく使われています。それと同じような考え方に基づき、インパクト投資にどれだけ社会的価値があったのかを貨幣価値に換算した上で、評価しようという考え方がＳＲＯＩ（社会的投資収益率）です。ここからは、ＳＲＯＩが活用されている事例を紹介していきます。

○欧州サッカー連盟が訴えるＳＲＯＩの重要性

第2章のインパクト投資の事例紹介で、欧州サッカー連盟（ＵＥＦＡ）がＳＲＯＩを活用して社会的リターンを定量化し、スポーツの社会的価値の「見える化」を図っていることに触れました。それでは、ＵＥＦＡは具体的にどのようなことを行っているのでしょう。

ＵＥＦＡのホームページ（２０１９年4月9日）には「サッカーは個人、地域社会、さらには国にとってどれほど有益でしょうか？　これは、UEFA GROW SROI（社会的投資収益率）モデルが答えようとしているものです」と題された報告が掲載されています。その一部を紹介します。

UEFA GROWは、スポーツが特定の国に与える影響を評価するために、草の根サッカーを含むようにSROIモデルを適用しました。経済、社会、健康、サッカーにおける質の高いパフォーマンスの4つの重要な分野に焦点を当て、サッカーへの大衆参加がこれらの分野に与えた影響を確認します。最後に、これらのうち最初の3つの分野について利益に金銭的価値を当てはめます。

現在、UEFA GROW SROIプログラムに参加しているUEFAメンバー協会は7つあります。合計で、1060万人の登録プレーヤーがおり、これは合計63億5000万ユーロ（約8250億円）にのぼる社会への金銭的貢献につながっています。

スコットランドサッカー協会は、SROIモデルの先駆者の一つであり、大衆参加への投資が経済的価値、社会的および健康上の利益に大きな影響を与えることを証明することを目的としています。UEFA GROWスキームは報酬を獲得しており、スコットランドの社会はサッカーをするだけで約14億2000万ユーロの恩恵を受けています。

直接的な経済的影響は2億2700万ユーロを超え、社会的利益は3億4000万ユーロを超え、アマチュアサッカーの試合による予防医療費は約7億9400万ユーロにのぼります。

（略）SROIモデルを全国レベルでサッカーに適用することはこれまで試みられたことがなく、一般的にスポーツにとって比較的新しいものです。メリットを定量化し、金銭的価値を試算するには、データ、調査、およびアルゴリズムが必要です。

調査結果がすべてのUEFAメンバーの協会で一貫していることを確認するために、100を超える査読済みの研究論文が学者によって参照されました。GDP、人口、医療費、付加価値税など、ヨーロッパ全体の国内変動を自動的に考慮に入れるアルゴリズムも開発されました。

（略）スウェーデンとルーマニアも、より多くの人々にサッカーをするように促すことのメリットを享受しており、これらはSROIモデルの調査結果で強調されています。スウェーデンは19億ユーロの社会への金銭的貢献を認識しており、医療費10億ユーロを削減しています。一方、ルーマニアは2億7200万ユーロのプラスの投資収益を示しており、経済が大幅に向上し、医療費の大幅な削減を実現しています。

この分析から多くの恩恵がもたらされます。サッカーの管理者は、スポーツの証明された利点について政府と協議することができます。彼らは、学界、世界保健機関（ＷＨＯ）、および欧州評議会のスポーツに関する拡大部分協定（ＥＰＡＳ）によって認められた科学的証拠を提示することができます。実証済みの幅広いメリットにより、サッカーは健康、教育、司法、地域開発などのような新しい省庁との議論が可能になります。

これにより、サッカーの商業パートナーは、アマチュアサッカーをサポートすることで社会にもたらすメリットを強調することもできます。スウェーデンとルーマニアのサッカー連盟の要求に応じて、モデルを地域レベルに絞り込むことができるようになりました。これにより、地域や経済に対する影響について地方自治体と協議することができます。

スポーツが社会に与えるメリットに関して、感覚的には昔からあると思われてきましたし、そう主張する人も多くいました。ただし、それが数値で実証されることはなかったのです。インパクトの規模がわからず、また金銭に換算できていないがゆえに、社会へのメリットを享受するためスポーツに投資を行うべきかを議論することはできませんでした。

しかし、ＳＲＯＩを導入することで、定量的な数値をベースに関係省庁などとの議論が可能になります。スポンサーにとっても、サッカーに資金を投入することに社会的メリットがあることが明確になるため、消費者や投資家に対しても説明責任を果たせます。そうした意味で、ＳＲＯＩは今後のスポーツ支援拡大を促進する助けになると考えられます。

また、この事例では専門家を入れ、標準化を図ることで国際的なルールにしたという点も先進的だと思います。これはスポーツに限らず、グローバルに展開される活動やビジネスの社会的インパクトを同じ尺度で測定することで、より良い効果をもたらす地域・団体がより多くの資金を集め、より発展できることにつながります。そして、価値の大きさに基づく健全な競争を促進し、発信力が弱いために資金が集まらない地域へのチャンスを開くものになるでしょう。

○松本山雅スポーツクラブの巡回サッカー教室のSROI値算出

前述したのは海外の事例ですが、日本国内にもサッカーを対象にしたSROIの事例があります。

株式会社フューチャーセッションズ（本社・東京都）は、社会や組織のさまざまな問題や課題を解決するため、多様な人々との創造的な対話の場「Future Session」を提供しています。そのフューチャーセッションズが「スポーツの社会的価値を可視化する初の実証実験　NPO法人松本山雅スポーツクラブが実施する巡回サッカー教室のSROI値（社会的投資収益率）を算出」と題するニュースリリースを配信しています（2021年3月17日）。

その冒頭には「株式会社フューチャーセッションズが主宰する『Sports Social Impact Lab』（スポーツソーシャルインパクトラボ）は、Jリーグ・松本山雅FCの普及事業を展開している、特定非営利活動法人松本山雅スポーツクラブの協力のもと、スポーツの価値を活用した社会貢献活動がもたらすポジティブな影響を可視化する、日本で初めての実証実験を実施しました」と書かれています。

そして、ＳＲＯＩ算出のモデルケースが以下のように紹介されています。

松本山雅ＦＣのホームタウン活動の一つである、競技団体、各保育園、幼稚園等からの委託を受けて実施する巡回サッカー教室をモデルケースに特定。松本山雅ＦＣは、ホームタウンである長野県松本市、塩尻市、山形村、安曇野市、大町市、池田町、生坂村、箕輪町、朝日村で、年間６４９回（２０１９年度）のホームタウン活動を実施しており、その中でサッカーを通じて地域の子どもたちにスポーツの楽しさを伝える普及活動である巡回サッカー教室は、年間１２９回（２０１９年度）実施。

本件について、ステークホルダーを①プロスポーツクラブ（松本山雅ＦＣ、巡回スタッフ）、②民間企業（地域メディア）、③保育園（保育園教諭、保育園児、保護者）、④その他（競技団体、松本山雅ＦＣのホームタウン９市町村）と特定し、ステークホルダーのインタビュー調査を実施しました。

巡回サッカー教室におけるＳＲＯＩの算出は、インプット（ステークホルダーの資本投資、労働時間など）、アウトプット（ステークホルダーにもたらされたインパクトの合計）によって算出されます。

本事業に投資されたインプットに対し、事業が生み出した社会的価値を貨幣価値に換算すると、７・２倍になることが確認されました。

「実証実験の結果について」がまとめられています。

「国外では、ＵＥＦＡヨーロッパリーグでスポーツにおけるＳＲＯＩに関する先行的な取り組みがあるものの、まだ多くの事例は見受けられておりません。日本国内においては、プロスポーツが関わる社会貢献活動の効果実証研究においては、本研究が初めての実証ケースとなります。

地域貢献活動によって生まれた社会的インパクトを可視化することは、活動成果を共通認識とすることを可能にし、ステークホルダーによる積極的、継続的な社会貢献活動の後押しとなるなど、ステークホルダーエンゲージメント強化にも非常に有効であると考えられます」

　このように日本国内でも、スポーツは海外と同様の社会的価値をもたらすと考えられます。そして、この取り組みで注目すべきはＳＲＯＩが７・２倍になったことが公開されている点です。

　また、巡回サッカー教室への参加のアウトカムとして、①運動意欲の改善、②指導力の向上、③新規会員の獲得、④普及活動、⑤記事として取り上げられることによる収入増、⑥スポーツ機会の提供のための労働削減、⑦子どもの成長を実感→松本山雅ＦＣへの愛着醸成、⑧教室経営能力の向上→労働意欲の向上→労働の負荷軽減も明示されています。

　アウトカムの明示は、この取り組み自体のアカウンタビリティ（説明責任）の向上に資するだけでなく、ほかのサッカークラブやほかのスポーツ団体も参考にできるという意味で非常に有益な取り組みと考えられます。

　そして、実施にあたっては各種の専門家を招き入れ、多くのステークホルダーへのヒアリングを行うことでインパクトの質の向上とともに、納得感の醸成や実証実験の結果に対する信頼性を高めることに成功しています。

このような取り組みが広がっていくことは、SROIという指標の認知や拡大にも間違いなく貢献するでしょう。

○マイクロソフトの「東北UPプロジェクト」

日本マイクロソフトは2011年3月に発生した東日本大震災の被災地の東北3県（岩手・宮城・福島）の被災者を対象に、ICT（情報通信技術）スキル講習を通して就労支援を行う「東北UPプロジェクト」を行いました。このプロジェクトは2012年1月にスタートし、13年3月に地元NPOに運営を委ねる形で終了しています。

その成果報告が13年3月にまとめられているので、以下に紹介します。


（略）東北UPプロジェクトでは今回、投資効果や成果を貨幣価値に換算する第三者による評価（SROI）を実施。東北UPプログラムの運営事務局を務める

ＮＰＯ「『育て上げ』ネット」理事長の工藤啓氏は、「今回のプロジェクトでは、ＮＰＯ自身が事業化しないと継続していけないので、マイクロソフトはあまり表に出ないで、できるだけ現地の方に運営を委ねる形で行った」と現地に根付く活動としていくことを強調。

（略）工藤氏はまた数値化について、「前政権時に、評価がしづらいものがたくさん切られたときに、論理的に必要性を担保するような評価の仕方をＮＰＯだからこそ持っていかなくてはいけないと考えた。寄付者にたいして、感情的に訴えることはできるが、数字的なものを言うことができないので、企業などからの資金提供につながりにくい問題もある」としてＮＰＯ活動を数値化する必要を語った。

調査結果については、評価を請け負ったビズデザイン社のサイトで公開されている。貨幣価値に換算すると、７５５５万５０００円相当との評価となった。

成果報告では「講師養成講座を３回実施し、17名の講師を養成。就労支援講座は３００回開催して、のべ８５１名が修了、求職者の就労率は45％だった。当初目標としていたのは修了者500名、求職者の就労率30％でいずれも目標を上回った形」と、成果が紹介されています。

このように確実に意義のあるアウトプットを出しています。しかも、それだけにとどまらず、SROIの評価を第三者に依頼することで貨幣価値に換算して750万円の価値があることを算出しています。

これは、NPOの活動を感覚や情だけではなく、論理や数値、お金という形で語ることで企業からの支援を得やすくしていくべきという課題意識をもとに行われたことを意味します。マイクロソフト一社ではその支援は限られるため、継続的に維持・拡大していくにはNPOが主体となって、まわりを巻き込んでいく必要があります。このSROI値算出は、そのためのコミュニケーションツールとして新たな武器を得たと言えるでしょう。

○損保ジャパンの「SAVE JAPAN プロジェクト」

損保ジャパン株式会社は市民が環境保全活動に参加するきっかけを提供するため「SAVE JAPAN プロジェクト」を2011年度から開催。このプロジェクトへの参加を通じて地域の自然環境への関心や生物多様性への理解の向上につながることを目指しています。

2016年度にこのプロジェクトに関してSROI分析が行われており、その結果がホームページに掲載されています（当時の社名は損害保険ジャパン日本興亜株式会社）。

損害保険ジャパン日本興亜株式会社は、株式会社公共経営・社会戦略研究所の協力のもと、生物多様性の保全活動を行う「SAVE JAPAN プロジェクト」の社会的投資収益率（SROI）分析を用いた社会的価値の算出を行っています。この度、2015年度事業（対象期間は2015年4月～2016年3月）の社会的価値を、アンケートなどによる定量的・定性的データをもとに可能な限り数値化し、可視化しました。なお、「SAVE JAPANプロジェクト」におけるSROI分析は、生物多様性保全分野における社会的価値の評価において、国内最初の事例です。

「SAVE JAPANプロジェクト」は、自動車保険のお客さまに、ご契約時にWeb約款などを選択いただいた場合や自動車事故の修理時にリサイクル部品などを活用いただいた際に削減できたコストの一部を活用して、日本NPOセンター、地域の市民活動を支援するNPO支援センターや全国の環境NPOと協働で、市民参加型の生物多様性保全活動を行うプロジェクトです。2011年度の開始から5年間で累計628回のイベントを開催し、3万982名の市民の皆さまに参加いただいています。

このプロジェクトでは、市民の皆さまに身近な自然環境に関心を持っていただく機会を提供するとともに、企業とNPOが市民の皆さまと協働で生物多様性保全活動を実施することで「いきものが住みやすい環境づくり」を目指しています。

本プロジェクトの目的は、「市民の皆さまへの環境保全活動の参加機会の提供」

です。

この度の分析では、環境保全イベントへの市民の参加という主要な成果に加え、プロジェクトの展開によって生まれたパブリシティ効果やNPOの新規会員数の増加など副次的・波及的な成果、生物多様性保全価値も便益項目として分析の対象とし、プロジェクト全体の社会的価値の貨幣化に努めました。

その結果、2015年度、社会的価値総額（総便益）は約1億4883万円、要した費用は約7455万円、SROIは2.0となりました。SROIが1を大きく超えたことで、プロジェクトの有効性が示され、また、2011年度からのSROIは右肩上がりに上昇し、2013年度1・12、2014年度1・76であったことから、長期的に波及効果が広がり、社会的投資に対する効果が向上したことになります。

今回のSROI分析の結果をNPOなどのステークホルダーと共有するとともに、プログラムの継続的改善ツールとしても活用し、引き続き「いきものが住みやすい環境づくり」の実現に向けて取組んでいきます。

このプロジェクトで行われたSROI分析は、生物多様性保全分野における社会的価値の評価において、国内最初の事例とのことです。

自動車保険の契約者が環境への負荷の下がる契約方法を選択したことにより削減されたコストを原資に、2011年度からの5年間で628回のイベントを開催し、3万9882名の市民が参加して、多くの成果を生み出しています。

2015年度だけでも、社会的インパクトが1億4883万円でSROIが2・0倍となっています。2011年度からのSROIは右肩上がりに上昇し、13年度で1・12、14年度には1・76になっています。2倍という大きな効果を出しているという点と、継続的なPDCAにより結果が改善されていることが可視化され、今後も取り組みとしては加速化しやすい環境が整っていると言えます。

また、Webサイトに SROI評価レポートを公開することで、保険会社としてのマーケティングにも活用されていると考えられます。

◯リクルートと北九州市による女性就業支援「iction!（イクション）プロジェクト」

イノベーションによる新産業の創出やアイデアあふれる方策などによって地域の課題を解決しようとする自治体や民間企業の取り組みを表彰する「プラチナ大賞」という賞があります。民間団体「プラチナ構想ネットワーク」の主催で実施されており、２０１３年に第１回が開催されています。

２０１８年の第６回プラチナ大賞では、リクルートと北九州市による女性就業支援プロジェクトが「グッドスタート賞」を受賞しました。

その詳細がリクルートのホームページで紹介されています。

> このたび、プラチナ構想ネットワークとプラチナ大賞運営委員会が主催する「第6回プラチナ大賞」において、北九州市との連携協定による女性就業支援の取り組みが『グッドスタート賞』を受賞いたしました。

今回のプラチナ大賞では、全国の自治体や企業等48団体の応募があり、一次審査の結果、14団体の取り組みが選出され、10月25日（木）に最終審査発表会が開催されました。最終審査発表会では、iction!事務局 事務局長の二葉美智子より「リクルートと北九州市との連携協定による女性就業支援」というタイトルでプレゼンテーションを行いました。

発表では、はじめにリクルートが創業以来約50年にわたり、雇用・販促支援領域において事業を通じて社会に貢献することをサステナビリティ方針の中心に置いていることに触れ、ＳＤＧｓの６つのポリシーの実現にむけ活動していると説明。その一環として、２０１５年にiction!プロジェクトが立ち上がった経緯を述べました。

労働力人口の減少がさけばれる中、働きたくても働けない育児中の女性の就業を支援することを目的に、グループ横断で様々な施策を展開してきたと語り、今回の北九州市との連携協定での３つの重点テーマについて説明しました。

北九州市との連携協定で取り組む３つの重点テーマ

①就業を希望する子育て中の女性の意識啓発や行動の喚起
②子育てや介護等の時間制約がある中でも働ける時間帯の仕事創出
③妊娠や出産による離職防止

（略）また、連携協定1年目の取組みの成果として、各施策の効果を経済的指標をもとに説明。社会的投資効果ＳＲＯＩ（Social Return on Investment）での数値も10・50となっており、各施策が有機的に成果に結びついていることを解説させていただきました。

リクルートが北九州市と連携して取り組んだ「iction!プロジェクト」は、働きたくても働けない育児中の女性の就業を支援することを目的に、グループ横断でさまざまな施策を展開してきたプロジェクトです。

3つの重点テーマを掲げ、単なるこれまでの支援の焼き直しや、感覚論でのアイデアベースの取り組みを実施するのではなく、リクルートのシンクタンクの調査結果に基づき、女性のステイタスの分類ごとに異なる支援を行っています。

具体的には、働くことを望んでいない人には、働くことの必要性を感じてもらうために「iction! みらい家計シミュレーション」を、求職をしていない人へは行動を起こす自信をもってもらうために「WORKFIT for MOM」を、勤務時間・休日が希望と合わないため就業できていない人には、企業側に働きかけて働きやすい時間帯の雇用を創出するために「企業向け啓発セミナー」を行っており、こうした活動が特徴的、かつ効果を生んだ要因だと考えられます。

その結果として、初年度のSROIが10倍を超えるという非常に大きな成果を上げたことは、ある意味、当然と言えるかもしれません。

また、このプロジェクトのSROI評価は、SROIを用いたインパクト評価において実績のある株式会社公共経営・社会戦略研究所が行っています。公共経営・社会戦略研究所がホームページで、このプロジェクトのSROIをより詳細に報告しています。

「アウトカム指標、金銭代理指標、反事実、寄与率等を踏まえて、各アウトカムの成果量を貨幣化し、最終的に費用対便益を推計した結果、各プログラムの社会的投資収益率（ＳＲＯＩ）については、以下の通りとなった。

すなわち、WORKFIT for MOM は17・11、企業セミナーは15・39、みらい家計シミュレーションは６・86という結果であった。費用に対して約７倍から約17倍の効果（便益）が生み出されていることがわかる。

また、３つのプログラムのＳＲＯＩ推計結果を合計したＳＲＯＩ値も算出したところ10・50となり、『iction! プロジェクト』全体で約11倍の費用対効果があることがわかった。

以上の結果から、本事業のいずれのプログラムも、また、３プログラムの総合評価結果としても、有効性・効率性がきわめて高いことが実証されたといえる」

このように外部機関による評価が行われることがＳＲＯＩの特徴でもあり、信頼を高めることにつながっています。

◯子どもたち支援「コミュニティサロンおさん」

横浜市のコミュニティサロン「おさん」（運営するのは社会福祉法人「たすけあい ゆい」）は、学校生活や家庭生活で困難を抱える子どもたちを対象に、学習支援・生活（食事）支援・居場所支援など、包括的支援を提供する事業を行っています。

２０１６年10月からは、放課後にボランティアが学習支援などを行う「ひなた塾」を設け、小中学生が学校以外に安心して過ごせる居場所づくりをスタート。この事業はゴールドマン・サックスが社会貢献事業として資金を提供し、社会的インパクトを評価する仕組みで進めてきました。

公共経営・社会戦略研究所による、その評価報告書の一部を紹介します。

本モデル事業は、世界的な投資銀行であり、児童養護施設の児童支援等、困難を抱える子どもの支援に熱心なゴールドマン・サックスからの寄附金等を原

資として実施中の社会実験的なプログラムです。すなわち、本モデル事業は、2016（平成28）年10月より、横浜市、社会福祉法人たすけあい ゆい、ゴールドマン・サックス、株式会社公共経営・社会戦略研究所（以下、公社研）の産官学連携事業として開始されました。（略）

主たる活動エリアは、横浜市南区のお三の宮地区周辺ですが、市の補助金を活用して約70平方メートルの空き店舗を再生・改装して開所した「コミュニティサロンおさん」を拠点に、「おさん」の運営法人である社会福祉法人たすけあいゆいを中心に、（略）包括的なモデル事業を展開しています。

本モデル事業では、インパクト評価、特に費用便益分析の一種であるSROI（Social Return on Investment：社会的投資収益分析）の方法を用いて、本プロジェクトの支援サービス（学習支援・生活支援・居場所づくり）によって期待されるアウトカム（成果）を中心に、可能な限りアウトカムを定量化し、さらに金銭代理指標等を用いて貨幣換算を行いました。すなわち、プロジェクトによって創出された成果量（変化量）を計測し価値額（総便益）に換算し、費用便益比（B／C）である社会的投資収益率（SROI）を算出しました。

（略）最終的に、ＳＲＯＩ分析による２０１７（平成29）年度事業の効果検証の結果は、総便益については１２０４万１３１４円、ＳＲＯＩ（社会的投資収益率）については１・62となりました。投資収益率が１・０を超えたことで、費用を上回る効果（便益）が生み出されたことになります。この結果からしても、本事業の有効性・効率性が十分に検証されたといえます。評価対象者が12名（評価対象児童以外の児童も含む実利用者は20名）であることからすれば、総便益額、社会的投資収益率の値は決して小さくない数値であり、さらに対象地域、対象者数の拡大が可能となれば、より大きな社会インパクトを生み出しうることが検証されました。

外資系の金融機関という、ある意味、資本主義の権化ともいえるゴールドマン・サックスが資金の出し手として行われたプロジェクトです。総便益が１２０４万円、ＳＲＯＩが１・62倍という結果が定量的に出ており、効果のあるプロジェクトだと明確化されています。

また、ＳＲＯＩの評価のための網羅的な効果の把握を行うことを通じて、想定していた個人への効果に加えて、学校・地域・行政との連携による効果があり、金額としても児童全員に対するアウトカムよりも大きいということがわかったとされています。これもＳＲＯＩの評価を行うことそのものが新たな効果の発見につながったことを表しており、ＳＲＯＩ導入の意義を改めて認識することができます。

○女性の起業支援プロジェクトが生み出す社会的価値

女性が働く場の多様性を増やすための起業支援を行うプロジェクトで、社会的リターン評価とともにＳＲＯＩの算出が行われた事例があります。

山梨県では、２０１６年度から「女性の起業支援事業」、２０１９年度から「女性の起業応援事業」として、プロジェクト名「co+shegoto（コーシゴト）」を実施しています（運営はＮＰＯ法人「bond place」に委託）。

このプロジェクトは、起業したいと考えている女性やすでに起業しているけれど、さらにレベルアップしたいと考えている女性を対象として、ワークショップ、経営ノウハウ習得のための講座、先輩起業家の現場見学会などを通じて、「なりたい自分」

をつくりあげ、さまざまなネットワークを広げることにより、参加者の夢の実現を支援しています。

「co+shegoto」はスタートからの３年間で３６０名が参加し、48名の女性が起業を実現していると言います。

ＮＰＯ法人グリーンズのサイトに、ＮＰＯ法人「bond place」のＳＲＯＩとの出会いと取り組みに関する記事が紹介されています（出典：greenz.jp、ライター：井上晶夫）。そのなかで注目すべきと考えるのは以下の点です。

・起業支援の成果をより正確に捉えられるような評価や表現を求めていたときに、社会的インパクト評価やＳＲＯＩという評価制度の存在に出会い、取り組み始めたこと。

・これらの評価制度が、自分たちの活動にたいして、きちんとした信用の担保をもたらすことになる、と感じていること。

・さらに支援機関の人たちとともに取り組むことで関係性が生まれ、地域に根差したかたちで展開していること。

女性のための起業支援には、間違いなく社会的意義があります。ただ、そうした支援活動はこれまで、参加者の人数や誰がワークショップに参加したなど、一過性のイベントとしての価値の評価で終わりがちでした。

しかし、活動に取り組まれている人々が、本当の効果はどれだけあるかを定量的に測ることが、その意義の証明と再現性を高めるという考えを持ち、社会的インパクト評価やSROIに出会ったことで、この事例ではSROIによる効果が「見える化」されています。

本活動は、起業を志す女性、ワークショップに参加する男性、金融機関、自治体など多様なステークホルダーが参加している中で、3・23倍という具体的なSROIと、その過程で社会的インパクト250万円という金額を算出しました。

これによって、ステークホルダーとしてどのような成果が出ているかの目線もそろい、今後の改善の余地がどの程度あるかということも見える化できるようになるためにPDCAがまわり、改善されていくことは間違いないでしょう。

また、プラスの効果があることが実証されたため、これまで以上のインプット（時間とお金）をさらに投入することは定量的に見ても、２倍以上の効果があるため進んでやるべきと自信をもって、まわりを巻き込みやすくなるはずです。

そして、このようなモデルを明確にすることで、ほかの地域でも類似の活動を行う組織や人々の助けになるでしょう。

◯インドの学校における衛生教育推進プロジェクト

インドでは、学校・家庭・地域の衛生習慣を改善するために「Dettol School Hygiene Education Program（デトール学校衛生教育プログラム）」というプロジェクトが行われています。衛生キットの配布や衛生に関する体験学習が提供され、これまでにインド全土の８つの州、40の地区、65万の学校で１３００万人の子どもたちが教育を受けています。

このプログラムに関してＳＲＯＩ評価が行われ、その調査レポートが「インドＣＳＲネットワーク」のサイトに掲載されました（２０２０年11月27日）。そこでは、まずプログラムの目的が紹介されています。

インド国内の多くの地域では、まだ適切な手洗いの習慣が普及していません。食事の前でさえ、インドの田舎の69・9％は石鹸なしで手を洗っています。また15％は、排便後に水で手を洗うだけです。デトール学校衛生教育プログラムは、こうした行動の変化を促進することにより、学校、家庭、地域社会の劣悪な衛生習慣を改善するためのステップとして構想されました。

このプログラムは、学校とコミュニティ全体を対象とした多面的なアプローチを通じて行動の変化を促進することを目指しています。学校でのプログラムは、生徒の考え方や行動を変えることで、学校、家庭、地域の変化のきっかけになる可能性があるという事実を認識して設計されました。教師や校長と協力することで、正しい知識を伝えて、子どもや将来の世代に良い習慣を身につけることができます。

レポートの要約も掲載されています。

・デトール学校衛生教育プログラムは投資された1ポンド（約150円）ごとに、33・05ポンドの社会的価値を提供します。

・15・9億ルピー（23・9億円）の初期投資は、創造的なプラットフォームを使用して主要な衛生対策を強化し、学校での衛生レベルに価値のある成果をもたらし、526億ルピー相当の社会的価値をもたらしました。

・COVID-19（新型コロナ）のまん延を防ぐため手指の衛生がきわめて重要であるこの時期に、学生による衛生慣行の実施において86％の増加が証明されました。

・このプログラムはこれまでに1300万人の子どもたちに届けられ、インド全土の8つの州、40の地区、65万の学校にのぼります。（略）

・子どもへの直接的な影響

子どもの下痢が14・2％の減少／就学率が17％増加／89％の学生が学校で教えられたすべての必要な衛生慣行に従うようになり、92％の生徒が親や家族と衛生知識を共有するようになりました。

このプロジェクトは衛生観念の向上を目指すものですが、新型コロナの感染拡大防止も目的とされています。レポートにあるように、インドの田舎では69・9％の人に石鹸で手を洗う習慣がなく、感染症がまん延しやすい環境にあるからです。

また、今回発表されたＳＲＯＩ評価レポートにあるように、15・9億ルピーの初期投資によってもたらされる社会的価値は５２６億ルピー相当であるとされています。

定量評価により貨幣価値換算でのインパクトの大きさとその効率性の高さが認識されることで、ほかの地域においてもこうした取り組みが支持されることが期待されます。このようにＳＲＯＩをはじめとするインパクト評価には、新型コロナの感染対策など社会課題解決の一助になることも期待されます。

◯インド農村部における水資源改善プロジェクト

インド北部、ヒマラヤ山脈のふもとに位置するヒマーチャル・プラデーシュ州の農村部では、夏の間は水の供給が制限されて生活に支障が生じていました。そこで地域の代表者が集まって委員会を結成し、この問題の解決に取り組みました。NABARD（全国農業農村開発銀行）の支援や外部機関の指導を受けることでプロジェクトは推進されました。7年間の取り組みにより目的を達成し、しかも大きなSROIを実現しています。

インド版 Forbes のサイトの紹介（2021年4月12日）を元に要約します。

・およそ60の村落からなるその地域では、降水量は多いにもかかわらず、枯渇しがちな水源と土壌環境の特質のため、水不足と農業に適した土地を確保できないという問題を抱えていた。
・各村落の代表者からなる流域委員会は、溝の開削、砂防ダムの建設、貯水工事、そして植林事業、植生改良も行い、水源の保全・向上に努め、さらに地域住民の水資源への意識向上活動も実施。
・プロジェクトはNABARDの支援のもと、外部機関「Ambuja Cement Foundation」の指導を受けながら管理・遂行。
・その結果、この地域では一年中、水を利用でき、農民は豊富な水を灌がいに使用できるようになり、プロジェクト全体で8・5の社会的投資収益率（ＳＲＯＩ）を実現した。

本プロジェクトでは、農村の繁栄促進を目的とした国家開発銀行であるＮＡＢＡＲＤの支援のもと、コミュニティの代表者が委員会を組織して協働したことに特徴があります。

要約にあるように、インドの地方社会の繁栄を目的としたＮＧＯ団体であるAmbuja Cement Foundationのサポートを受けながら、地域の人々によってプロジェクトが進められた点も重要です。現在ではこのコミュニティはいつでも水を利用でき、ＳＲＯＩ値は8・5を実現しています。

こうした大規模な社会的プロジェクトでは、資金の出し手、サービスの提供者、恩恵を受けるコミュニティの人々、外部機関など、多様なステークホルダーが関与します。そして、その多様なステークホルダーの共通言語となりうるのがＳＲＯＩなのです。

ＳＲＯＩにより各ステークホルダーにもたらされるアウトカムの定量的な貨幣価値

換算における投資対効果切り口での評価が可能になり、プロジェクトの改善にもつながります。プロジェクトのもたらす社会的なインパクトが数値によって表されることで、客観的な指標に基づく議論が可能になるのです。

○ボルチモアでの病院による住宅提供プロジェクト

アメリカ東部の都市ボルチモアでは、地元の病院が地域の低所得者・障がい者・高齢者に低価格で住宅を提供するというプロジェクトが行われました。「Health Affairs」誌に掲載された研究報告がサイトにアップされています（２０２１年３月２日）。

その内容の要約は次のようになっています。

・ボルチモアでの健康の社会的決定要因に対処するための病院主催の手頃な価格の住宅プログラムは、地域社会にプラスの社会的影響を及ぼしています。

・Health Affairsの研究者は、従来の投資収益率（ＲＯＩ）によって定量化するのではなく、ＳＲＯＩ分析を使用してプログラムのより広範な社会的、環境的、経済的利益を評価しました。

・研究者らは、このプログラムが年間の運営費1ドルあたり1・30ドルから1・92ドルの社会的利益をコミュニティに生み出していることを発見しました。

ボルチモアにある病院が自らの所有する住宅を手頃な価格で低所得の個人、家族、障がい者、高齢者に提供するサービスを行っています。その背景には、生活環境が健康への悪影響を及ぼす可能性が認識されたことがあります。このことは黒人やヒスパニック、ネイティブアメリカンのコミュニティで新型コロナの感染がまん延したことで、より強く認知されました。

レポートを発表した「Health Affairs」誌は、利益と投資された資本を比較して投資収益率に焦点をあてる従来のＲＯＩではなく、ＳＲＯＩ分析を使用して、より広範な社会的価値を評価し、コミュニティの利益の定量化を目指しました。

レポートによると、２０１８年には年間運営費1ドルあたり年間1・30ドルから1・92ドルの社会的価値を生み出していることが明らかになっています。

感染症の拡大防止に加え、医療費増大の抑制など、プロジェクトがもたらす社会的価値をより広く捉えることができるのもＳＲＯＩの特徴です。さらに、これまでは感覚値だったものを定量化することで、より大きな納得感を持って、そのプロジェクトのメリットを多くのステークホルダーに伝えることができます。

その結果、社会的価値をもたらすプロジェクトにお金が集まる状況が生まれることが期待されます。例えば、ＳＤＧｓの達成に向けた取り組みは世界に広まりつつあります。その一助となりうるのがＳＲＯＩなのです。

○南アフリカにおけるSROIによるNPOの地位向上

２０２１年、アフリカで初めてＳＲＯＩレポートが発表されました。南アフリカのメディア「Mail & Guardian」がサイトでその内容を紹介しています（2021年3月30日）。

――南アフリカは世界で最も不平等な社会です。（略）わが国の根深い構造的不平等の中心にあるのは、教育の欠如と栄養の欠如という2つの問題です。
世界保健機関（WHO）は、栄養不良を世界の健康に対する最も重大な脅威と見なしています。栄養不足が5歳未満の子どもの最大の死亡原因であると述べています。

（略）非営利セクター内での共同作業の社会的影響は、サービスの行き届いていないコミュニティにおいて教育と栄養の成果を向上させるための1つの方法です。しかし、変化の重要な推進力でありながら、こうした活動は社会的には見過ごされがちでした。

非営利セクターは、社会的利益をもたらしているように見える人々や組織による慈善部門と見なされています。残念ながら、ほとんどの慈善団体は信頼できる記録を保持しておらず、財務管理も不十分で、適切なガバナンスが整っていません。そのため、その影響力を示すことができず、社会変化の実行可能な貢献者となってはいません。彼らは測定可能な結果をほとんど示すことのない、資金の受け取り手であるとも批判されてきました。

それでも南アフリカ全土で毎日、非営利セクターの何千もの組織が効果的なイニシアチブに関与しています。（略）彼らは貧しい地域社会でその効果を適切に示す立場にあるとは言えませんが、称賛に値する努力は無視できません。

彼らは飢餓を緩和し、教育および自己啓発を支援し、脆弱な人々に戦いのチャンスを与えるのに役立つ重要なサービスを提供しています。そして、必要なケアとサポートにより脆弱な人々をサポートした何千もの文書化されていない成功事例があります。

現在、多くの企業が自分たちの社会的投資または社会経済開発予算を、ポジティブで測定可能な社会的および環境的影響を生み出す結果に向けようとしています。ただし、これは計算が複雑で、専門家が評価を行う必要があり、多額の費用がかかる可能性もあります。

しかし心強いことに、数値に基づいた社会的投資収益率（ＳＲＯＩ）の研究を行うＮＰＯが増えています。これらの研究は関連する社会的、環境的、経済的結果を追跡することにより、企業や団体が自分たちの努力が生み出す変化や価値を測定することを可能にします。

南アフリカでは、教育と栄養が全国民に行き届いていていません。実績をあげられていない政府には、根深い腐敗が存在しているとも言われています。

そこで非営利セクターの役割が期待されるのですが、信頼できる記録を保持していなかったり、財政管理が不適切であったりして、適切なガバナンスが整っていないとされています。測定可能な結果がほとんどないため、単に資金を受領しているだけという批判もなされてきました。

しかし、非営利セクターの活動の測定が可能な例として、この記事の続きではFood Forward SAというＮＰＯが発表した、アフリカで初めての社会的投資収益率のレポートが紹介されています。

このレポートはFood Forward SAのフードバンキングモデルの効果を、ＳＲＯＩ分野のスペシャリストであるImpact Amplifierが評価し、フードバンキングが社会にどのような変化をもたらすかを明らかにしています。

２０１９年3月1日から２０２０年2月29日に行われたFood Forward SAの活動を調査してまとめられ、フードバンキングエコシステムが成長を加速し、社会的利益を最適化するための重要な手段であることが示されたのです。つまり、このレポートにはこれまでの批判を払拭する統計が含まれています。

これも定量評価によるアカウンタビリティ（説明責任）の向上の一例と考えられます。非営利セクターにおいては資金の出し手が存在するため、活動の結果を報告する必要があります。その際に、ＳＲＯＩなどの数値で定量的に説明することで、相手により強い納得感を与えることができるのです。

○イギリスにおける公共事業の入札条件の変化

イギリスでは２０１３年１月１日に、社会的価値法（Social Value Act）という法律が施行されました。幸せ経済社会研究所のサイトに、この法律に関する話題がまとめられています。

——この法律は、公共団体の委員に対して、公共調達を行う際に、地元企業への影響や、地域内での雇用といった「社会的価値」を考慮することを定めたものです。委員には、公共調達を行う際に、社会的価値を考慮したり、この問題について相談したりしたことを、文書で示すことが求められています。

そして、社会的価値法の施行から2年たった2015年2月、英国内閣府によって、社会的価値法を評価する報告書『社会的価値法再考（Social Value Act Review）』が発表されました。

この報告書は、社会的価値法を表面的に守るのではなく、「よりスマートな調達のための道具」として用いている場合、委員は、調達するサービスの長期的なコストや持続可能性を考慮するようになってきていると指摘しています。

（略）しかし、問題点もあります。地方自治体や任意団体などが、この法律を知っている割合が高い一方で、小規模企業の多くが、社会的価値法のことを聞いたことがないなど、周知について、さらなる取り組みが必要であることが明らかになりました。また、中央政府では、ほとんどの部局で、この法律に合わせて全体的な調達のガイドラインを修正しているにもかかわらず、各部局の調達チームにはこのことが広がっていないことがわかりました。

また、この報告書では、社会的価値を測定する方法として、ＳＲＯＩや費用対効果分析、幸福度・満足度調査といった方法があることも紹介しています。

このようにイギリスでは、公共事業の入札業者にも社会的価値が重要となっています。公共事業の入札において、その業者が社会にもたらしている価値が考慮されるからです。

Construction News のサイト（２０２０年1月14日）によると、英国内閣府の大臣も、経済的価値だけでなく社会的価値にも基づいて公共事業の請負契約が成立するようにし、社会での行動が正しく認識され、報われるようにするというスピーチをしています。

ただし、それを感覚値で行うのでは不満が生じるでしょう。そこで、もっとも広く認識されている評価方法として、ＳＲＯＩが取り上げられています。

その一方で記事には、社会的価値を評価する方法は一貫性に欠けているとも書かれています。例えば、ある人が２００ポンドと評価したものを、ある人は３００ポンドと評価する可能性があるのです。

したがって、ＳＲＯＩをはじめとする社会的インパクトの評価の方法は非常に高い価値がある一方、その精度や信頼性に関してはまだ発展途上であると認識することも重要かもしれません。

○コンサルティングファームによるＥＳＧ投資の動向調査

世界規模で活動するコンサルティングファームのベイン・アンド・カンパニーによる「２０２１年 グローバル・プライベート・エクイティ・レポート」に、最近のＥＳＧ投資の動向が紹介されています。そこでは要点が３つあげられています。

・ＥＳＧ投資は、特に米国のプライベート・エクイティ（未公開株投資ファンド）業界では懐疑的な見方が続いている。

・しかし、積極的な企業はＲＯＩ調査の結果が出るのを待たずに、サステナビリティや社会的責任を投資や事業の方法に取り入れている。

・ESGは単に社会的に良いことをするだけではない。市場シェアを獲得し、従業員を惹きつけ、資本を調達するための重要な要素となりつつある。

企業がESG基準を順守することで、長期的にはより大きな経済的リターンを得られると考えられていますが、これに対して懐疑的な見方をする人も存在します。ビジネスであるかぎり経済的なリターンが得られないとモチベーションにはつながらない。これが本音であると考える人も多いからです。

確かに、世界をより良くすることに貢献したいという気持ちは、人が行動を起こす動機になりますが、やはりモチベーションの根底には経済的リターンへの期待が存在しています。

ベイン・アンド・カンパニーのレポートでは、より大きな社会的価値を生み出す事業は、より大きな経済的リターンを生み出す傾向にあると紹介されています。つまり、サステナブルファイナンスにお金が集まり始めているのです。

レポートの続きでは、東芝への買収提案を行ったことで日本でも知名度がアップしたイギリスの投資ファンドCVCの取り組みが紹介されています。

ＣＶＣは、市場シェアの向上と取引倍率の上昇を具体的な目標として、ＥＳＧや企業の社会的責任への取り組みを価値創造計画に組み込むための体系的なアプローチを開発しました。このアプローチが基づいているのは、プライベート・エクイティが伝統的にＥＢＩＴＤＡ（利払い前、税引き前、減価償却前、その他償却前利益）の向上に注力することは、実際には、顧客ロイヤルティや従業員満足度に注力するよりも効果的ではなく、最終的にはより多くの価値を生み出し、その結果として倍率が高くなるという信念である。

ＣＶＣが企業を買収すると、最初に行うことは顧客や従業員の満足度に関するハードデータの収集です。そして、経営陣がパフォーマンスを向上させるために、６つの主要分野（顧客重視、簡素化、人的資本、コミュニティ、環境、ガバナンス）にどのように取り組むべきかを検討します。

その取り組みの例として、２０１７年にＣＶＣが買収したポーランドのコンビニエンスストアチェーンのジャブカがレポートで紹介されています。

ＣＶＣに買収されたジャブカは、店舗における二酸化炭素排出量を削減するための対策を講じ、サンドイッチのパッケージを軽量化し、３トンのプラスチック廃棄物を削減したのです。また、ポーランドの小売業者として初めて、１００％リサイクルされたペットボトルを使用。顧客の健康、環境への配慮、動物への配慮という「三拍子そろった商品」として、植物由来の食品の販売で市場を、環境配慮の思想においてもマーケットシェアという点でもリードしているそうです。

また、企業の社会的責任を会社の理念の中核に置き、余剰分をフードバンクに譲渡することで、食品廃棄物をなくすプログラムを立ち上げています。従業員のためのキャリア開発プログラムを実施し、恵まれない環境にある子どもたちに奨学金やインターンシップを提供しています。

こうした活動の結果、顧客、従業員、フランチャイジーの間でロイヤルティと満足度のスコアが急上昇。その結果として２０１７年から２０２０年にかけて年間収益が20％増加し、粗利益率も３・９ポイント上昇しています。

ＣＶＣはプライベート・エクイティ・ファンドであり、ファンドへの資金提供者である有限責任組合員に対する経済的利益の提供がその存在目的、存在意義であることが前提となります。そのため、投資先に対しては株主として、いわゆる株主価値最大化、時価総額最大化を求めることを第一優先で行ってきたと考えられます。

要は、本書で述べるところの経済的利益の最大化を投資先企業に求めるというタイプの企業です。

しかしながら、ファンドである以上、ファンド解散までに投資先企業を他社に売却する必要があります。

その際に、買い手がＥＳＧ投資の評価軸や、社会的インパクトやＳＲＯＩを大事にするということが蓋然性として高くなっている点がモチベーションの一つだとは考えております。

このように持続可能性と社会的責任へのコミットメントは、企業にとって貴重な人材を惹きつけ、雇用を維持するのに重要になってきています。

ここまでさまざまな事例を見てきたように社会的インパクト評価は、世の中にどれだけの価値をもたらしたかを定量的に評価します。ＣＶＣがＥＳＧ投資の有効性を確信して活用しているように、社会的価値を生み出す事業にはより多くのお金が集まり、より大きな経済的リターンを生むという好循環につながる可能性があります。そして、ＳＲＯＩはそのサイクルを生み出す一つの手段となりうるのです。

第5章

SROIが導き出す企業評価のあらたな基準——時価総額と社会的価値

○ＳＲＯＩの問題点

第3章でＳＲＯＩの課題を述べましたが、ここでは別の問題点を取り上げます。

「はじめに」で書いたように本書は、投資をする側と投資を受ける側、双方にメリットがもたらされる方法としてＳＲＯＩの活用を提言しています。

投資する側は、単なる金儲けではなく、環境にやさしく、社会貢献につながり、しかも長期的な成長性が見込める投資先を探しています。そうした投資側の要望に応えられるのが、事業やプロジェクトからもたらされる社会的リターンを貨幣価値に換算して算出するＳＲＯＩなのです。

投資を受ける側は、ＳＲＯＩによりその事業やプロジェクトが金銭的リターンだけでなく、どれだけ社会に良い成果をもたらすか、社会的リターンを投資する側に定量的に提示することが可能になります。

投資する側と投資される側、双方の社会を良くしようという考え方に基づくＳＲＯＩは、世界的な社会課題の解決を図るＳＤＧｓを推進する後押しにもなるのです。

ただ、ＳＲＯＩの算出にあたっては、「時間」という概念が欠落しているという点を指摘することもできます。この時間の問題を指摘している論者もいますが、大部分のＳＲＯＩを紹介する事例では扱われていません。一方でファイナンスというお金とリスクを扱う学問においては、利益の獲得までに時間がかかるのであればその分を割り引いて考える必要があるという考え方を取るからです。

そして最後に、企業価値を測る指標としてＳＲＯＩをどのように捉えることができるのか、時価総額の側面から見ていこうと思います。

○ＳＲＯＩと時間の概念

まずは、ＳＲＯＩと時間の概念についてです。

ＳＲＯＩは、５年あるいは10年などの一定期間（1年というケースもあります）にもたらされた社会的リターン（社会的便益）を、その事業やプロジェクトに投入された費用で割ることにより算出されます。

ここで問題となるのは、普通、金融機関などにお金を預けると金利がつくことです。

これは言い方を換えると、「1年後に1万円になるということは、今日の価値で言うと1万円より金額が少ない」ということになります。

事業に投資する側は、いまお金を投資したとしても、リターンを得ることができるのは将来の話になります。更に、それぞれの事業にはリスクがつきものです。これは投資の世界では悪いものというより、不確実性を表すものと理解してもらえれば良いです。プロジェクトの種類により成功の確度が異なることを踏まえ、例えば新規性が高い事業であればリスクを高く見積もり、確実性の高いビジネスでは低く見積もるということが必要です。つまり、ＳＲＯＩの現在の価値を測るには、活動成果と投資金額につく金利分および事業のリスク分を考慮に入れる必要があります。

例えば、事業期間が5年で、金利＋リスクが8％だとすると現在価値は次の式で求めることができます。

$$\text{SROIの現在価値} = \frac{\text{1年目の活動成果}}{(1+0.08)} + \frac{\text{2年目の活動成果}}{(1+0.08)^{2}} + \frac{\text{3年目の活動成果}}{(1+0.08)^{3}} + \frac{\text{4年目の活動成果}}{(1+0.08)^{4}} + \frac{\text{5年目の活動成果}}{(1+0.0\ \ )^{5}}$$

これは、企業がある事業の価値を測定するときと同じ考え方になります。したがって、SROIも時間的な側面を含めて、現在価値に割り戻して捉えるという考え方をする必要があるのです。

○企業の「時価総額」とは

もうひとつの問題点です。

一般的には、その会社の価値を測る指標として時価総額が使われています。例えば、日本企業の時価総額のトップはトヨタで30兆円越えです。世界のトップはアップルで約2兆1600億ドルです。このように時価総額により、いわば会社の値段が決められています。

時価総額は企業全体の価値（企業価値）を表しますから、その企業が行うすべての事業の価値を合計したもの（事業価値）と考えられているわけです。

時価総額＝事業－有利子負債＋現預金

それでは時価総額は、どのように決められるのでしょうか。

諸説ありますが、いわゆるファイナンス理論によると、事業価値とは将来のキャッシュフロー、すなわち将来の現金収入、将来入ってくる稼ぎを現在の価値に割り引いたものの合計とされています。

トヨタで言うと、トヨタが将来的に稼ぐお金を現在の価値に換算すると30兆円越えになり、それが現在のトヨタの事業価値－有利子負債＋現預金とされるわけです。

理論的には、時価総額＝事業価値－有利子負債＋現預金はこのように定義されます。

この事業価値（将来に稼ぐであろう金額）は、５年目までは毎年の予測を立て、６年目以降は５年目に対して一定の成長を見込んだ数字をもとに一括で計算されます。

計算方法は、先ほどのＳＲＯＩの現在価値を測る式と同様に、各年のキャッシュフロー（ＣＦ／その年にプラスになる現金の額）を各年の金利＋リスク（ｒ）で割ったものを、例えば５年分足すことで求められます。この事業価値は、次の式によってそれぞれの会社が公表している予測を使うことで計算できます。

$$\text{事業価値} = \frac{\text{1年目のCF}}{(1+r)} + \frac{\text{2年目のCF}}{(1+r)^2} + \frac{\text{3年目のCF}}{(1+r)^3} + \frac{\text{4年目のCF}}{(1+r)^4} + \frac{\text{5年目のCF}}{(1+r)^5}$$

時価総額に関して、もうひとつの求め方があります。上場している会社であれば「株価×総株式数」で求めることができるのです。

株価は株式市場によって、みんなで決められています。本来的には、昨日の事業価値と今日の事業価値は変わらないはずです。なぜなら、将来いくら稼ぐかが事業価値なので、それが1日や2日で変わることはないからです。

事業価値は一定のはずなのに、実際には株式市場で株価は毎日変わります。つまり、時価総額はつねに変わります。それは、会社の将来に対して市場にはいろいろな予測や思惑があるからです。

学術的に言うと、事業価値と株価から求められる時価総額は一致するはず。ところが現実には、必ずしもそうはなっていません。

◯時価総額と事業価値とのギャップ

時価総額と事業価値に大きなギャップのある会社も存在します。
例えば、電気自動車会社のテスラの2021年4月27日の株価による時価総額は約6100億ドルになっています。理論的には、将来稼ぐ金額（事業価値）からも同様の金額が導き出されるはずです。しかし、明らかに市場がつける時価総額のほうが事業価値よりも高くなっています。

時価総額＞事業価値－有利子負債＋現預金

テスラの場合は、企業側の予測以上に市場のほうが事業価値を高く評価し、それが株価に反映されていると考えられます。あるいは反対に、市場が企業の予測よりマイナスに評価することで、時価総額が事業価値より小さくなっているケースも見られます。

なぜ、そのようなことが起こるのでしょうか。

よくある議論として、株価がインフレ現象を起こしていて、実態以上に高騰していることが指摘されます。あるいは、事業の見込みが弱気すぎるという可能性も考えられます。

このように時価総額と事業価値にギャップがある理由は、これまでは市場判断の誤り、過大評価あるいは過小評価に陥っているからとされていました。

本当に、市場の誤りだけが理由なのでしょうか。

実は、株式市場の参加者はこれまで重要視されなかった「社会的価値」までも暗に見越して、その会社の将来を判断しているのではないでしょうか。

そこで、本書では左記の考え方を提言します。

時価総額＝事業価値＋社会的価値－有利子負債＋現預金

○株式市場は企業の「社会的価値」をも評価している？

株式市場は事業価値だけでなく、暗に社会的価値をも評価していると考えることによって、時価総額と事業価値にギャップが生じる理由を説明できる可能性があります。事業価値（将来の稼ぎ）に社会的価値が含まれることによって、本当の時価総額（企業価値）が導き出されるからです。投資家は、その会社の社会的価値を暗に見据えて株価をつけているのではないのでしょうか。

なお、社会的価値の現在価値はＳＲＯＩの現在価値と同様の計算式で求めることができます。

したがって、投資対象として企業価値をより正確に測るには、これまでのような算出方法で導き出される将来の稼ぎ、事業として儲かる部分（事業価値）だけを見ていたのでは不十分と考えられます。いままで考慮に入れられなかった社会的価値をプラスすることによって、正しい投資対象の検討ができるのではないでしょうか。

しかも社会的価値が含まれているということは、現在、社会的に求められているＳＤＧｓに貢献する企業としても評価されます。企業が社会的に評価され、そこに投資したことで投資家も評価されるという、双方にメリットが見込まれます。

企業としては、ＳＲＯＩを活用して自分たちの事業にどれだけ社会的価値があるのかを広く知らしめることは、投資家だけでなく、社会全体にアピールすることにつながります。そのためにはそれぞれの事業について、ＳＲＯＩを正しく算出する必要があります。

ただし現実問題として、ＳＲＯＩの算出にはかなり煩雑な作業が必要で、それを自社だけで行うことは難しいかもしれません。また、ＳＲＯＩは第三者に評価してもらうことで客観性が保たれ、より正確なものとなります。そして、外部からの検討によって新しい発見がなされ、ＰＤＣＡの改善を見込むこともできます。

そこで、自らも能動的に関与しつつも外部のコンサルタント会社や専門機関を活用することも検討するべきでしょう。

社会的価値を重視しようという投資する側の動きに対して、企業側としてもＳＲＯ

Ｉの重要性を強く認識すべきと考えます。

あとがき

ＳＤＧｓ、ＥＳＧ投資、社会的インパクト、そして本書のメインテーマであるＳＲＯＩ。いずれも耳にはするものの、いまひとつ意味がわからない言葉が、投資・経営ひいては経済全般の分野で注目を集めています。

本書では、可能な限り丁寧な説明や、豊富な事例の紹介とその解説を通じて、きっと大事そうだが難しそうな概念や、一見綺麗ごとに見える概念を、その起源から発展の経緯までご紹介することで、なぜ近年注目が高まっているかが理解いただけたのではないかと思います。

社会的インパクトや、ＳＲＯＩにおいては、「Social（ソーシャル）」すなわち「社会性」というキータームが大きくフィーチャーされています。本来、投資と利潤にまつわる経済活動や理論に、「社会性」の視点が強く求められるようになってきた。そういう人々の意識変化が起こりつつあると思います。それは、人類の発展・急激なグローバル経済成長とともに、かつて悠久かつ広大な母なる存在だと思われていた地球の有限性が、多くの人の目に明らかになったことに大きな要因があるのではないでしょうか。

1世紀前までであれば、日本とアメリカは船で時間をかけて移動していたものが、飛行機の出現により10時間といったオーダーで行き来できるようになり、ある意味地球が小さくなったことがその象徴だと思います。そして、2020年からの新型コロナウィルスの流行は、その地球からの警鐘だと重く受け止めるべきだと考えます。

特に、企業セクターにおいては、GAFAをはじめとする大ITコングロマリットが国家予算レベルの100兆円を超える時価総額、国の研究費に匹敵する数兆円レベルの研究開発費を使い、中国の人口をゆうに超える27億人以上（2021年時点のFacebookの月間利用者）というユーザーを抱えるにまで至っています。現状ではもはや、国レベルすなわち政治家・官僚レベルで責任を持つべきであった社会性を、企業ひいては経営者が分かち持つべきと考えるからです。

かなり大きな企業を例にとりましたが、日本では、企業数の99％以上、雇用の70％、製造付加価値額の約50％を中小企業が占めています。中小企業の経営者も一企業のインパクトは小さいものの積み重ねれば大きな影響力を持つという意味で、社会性を持つべきです。

ただし、これは息苦しい制約が増えるという意味ではありません。逆に、社会性——すなわち私の理解では、長期目線での社会の参加者全体への貢献——を担える事業、企業を構想、運営できる経営者や事業責任者にとってはむしろチャンスです。

なぜなら、社会的インパクトやSROIといった定量化ツールを正しく用いれば、長期目線を有した投資家から豊富な資金を得ることができるからです。そして、その投資と事業を通じて、企業(売り手)、投資家(買い手)、社会(世間)の三方よしが実現するより良い社会が近づいてくると言えるからです。

これは楽観的に聞こえるかもしれませんが、人間は良くありたい、貢献したいという欲求に根差しているという確信が第一にあります。さらに、長期的な経済メリットを考えると社会に貢献するビジネスの方が儲かる、時価総額があがるというメリットが実証的に検証されれば更にこの動きは加速すると考えております。筆者としては、学術的な実証研究等を実施し今後はこの動きを加速させたいと考えております。

本書によって社会的インパクトや、ＳＲＯＩの概念やメリットの感覚をつかんで前向きな取り組みに進んでいただければ、著者にとって何よりの喜びです。さらに、実際の運用にあたっては外部のコンサルタントなどの専門家の活用を検討いただければと考えます。実証研究や、事例が増えた際には本書の続編も世に問いたいと考えておりますので、お楽しみにしていただければと存じます。

加賀裕也

加賀裕也（かが・ゆうや）

株式会社キューブアンドカンパニー 常務取締役

名古屋大学工学部航空宇宙工学コース卒業、フランス国立ポンゼショセ高等大学（ENPC）MBA。株式会社リクルート、株式会社ショーケースでスタートアップ関連のインターンシップを経験。ベイン・アンド・カンパニー・ジャパンを経て株式会社キューブアンドカンパニーを創業。現在、大手企業や中堅企業に対して、M&Aやスタートアップの連携も用いて、X-Techの新規事業の立ち上げや、デジタルトランスフォーメーションを支援。また、山形大学の技術シーズを事業化する文部科学省や内閣府のプロジェクトにおいて、ビジネスプロデューサーとして、マーケティング・知財・事業計画策定などを支援。特に、そのほかに山形県内企業のマッチング支援も実施し、地方創生にも取り組む。SROIやインパクト評価の領域に関しては、これらのプロジェクトの中でロジックモデルの作成から貨幣価値換算し定量化した実績あり。政策レポートや社会的インパクト等の学術論文を岩本隆慶應義塾大学大学院特任教授と共同執筆している。著書に『X-Techビジネス大全——既存産業×デジタルが最適化社会を切り拓く』（岩本隆と共著、みらいパブリッシング、2020年）がある。

ＳＲＯＩ《エスアールオーアイ》とインパクト評価《ひょうか》が社会《しゃかい》を変《か》える

ＳＤＧｓ《エスディージーズ》・ＥＳＧ《イーエスジー》時代《じだい》の新《あら》たな経営戦略《けいえいせんりゃく》

2021年7月21日　初版第1刷

著　者　加賀裕也《かがゆうや》

発行人　松崎義行

発　行　みらいパブリッシング

〒166-0003 東京都杉並区高円寺南4-26-12 福丸ビル6階
TEL 03-5913-8611　FAX 03-5913-8011
https://miraipub.jp　MAIL info@miraipub.jp

編　集　水木康文

制作協力　荒内慎孝斗（株式会社キューブアンドカンパニー）
渡辺岳典（株式会社キューブアンドカンパニー）
野崎貴臣（株式会社キューブアンドカンパニー）
高橋一磨（株式会社キューブアンドカンパニー）

ブックデザイン　洪十六

発　売　星雲社（共同出版社・流通責任出版社）

〒112-0005 東京都文京区水道1-3-30
TEL 03-3868-3275　FAX 03-3868-6588

印刷・製本　株式会社上野印刷所

ISBN978-4-434-29186-9 C0030